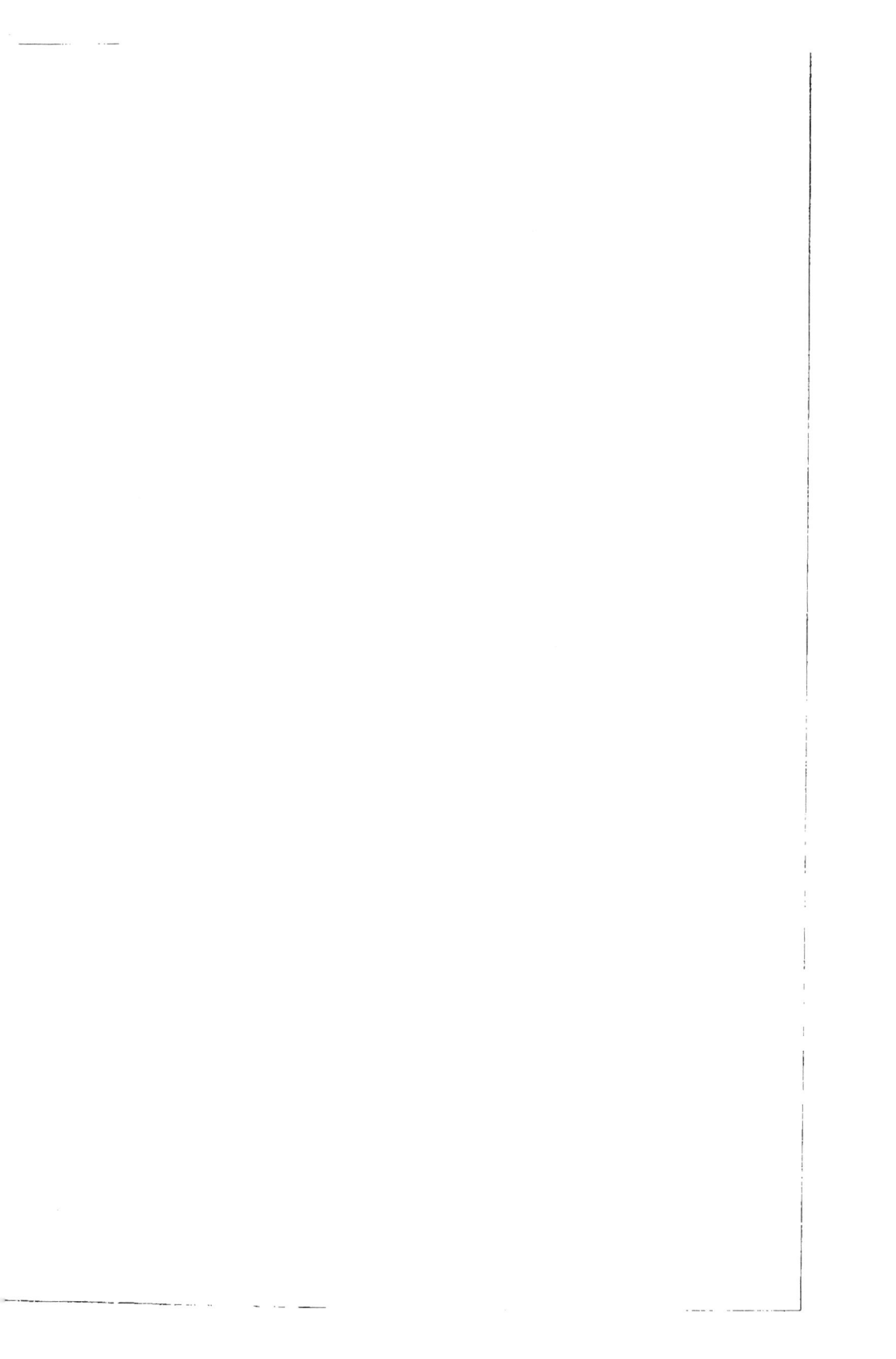

PRÉCIS

SUR LA RÉFORME

DU

RÉGIME HYPOTHÉCAIRE,

DÉLIBÉRÉ PAR LA CHAMBRE

DES

NOTAIRES DE L'ARRONDISSEMENT DE COMPIÈGNE.

EN SA SÉANCE DU 3 AVRIL 1850.

COMPIÈGNE.

IMPRIMERIE DE J. ESCUYER, RUE DES MINIMES.

—

1850.

PRÉCIS

SUR LA RÉFORME

DU

RÉGIME HYPOTHÉCAIRE.

PRÉCIS

SUR LA RÉFORME

DU

RÉGIME HYPOTHÉCAIRE,

DÉLIBÉRÉ PAR LA CHAMBRE

DES

NOTAIRES DE L'ARRONDISSEMENT DE COMPIÈGNE,

EN SA SÉANCE DU 3 AVRIL 1850.

COMPIÈGNE.

IMPRIMERIE DE A. ESCUYER, RUE DES MINIMES.

1850.

CHAMBRE DES NOTAIRES

DE L'ARRONDISSEMENT DE COMPIÈGNE.

SÉANCE DU **3** AVRIL 1850.

M⁰ VRAYE, Notaire à Compiègne, PRÉSIDENT.

M⁰ MOURET, Notaire à Gournay, SYNDIC.

M⁰ FOURRIER, Notaire à Noyon, RAPPORTEUR.

M⁰ NOUETTE, Notaire à Noyon, SECRÉTAIRE.

M⁰ DÉSORMEAUX, Notaire à Ribécourt, TRÉSORIER.

M⁰ HEUDEL, Notaire à Estrées-St-Denis, Membre.

M⁰ CAMUS, Notaire à Attichy, *id.*

PRÉCIS

SUR LA RÉFORME

DU

RÉGIME HYPOTHÉCAIRE[1].

CHAPITRE PREMIER.

Le Notariat et la Réforme hypothécaire.

1. Une commission a été formée pour préparer un projet de de loi sur la reforme du regime hypothecaire.

2. Depuis 25 années, cette réforme est l'objet des méditations des jurisconsultes et des économistes.

3. Le gouvernement, en négligeant de consulter les Chambres des Notaires, s'est privé d'observations véritablement pratiques.

4. Il appartient aux Chambres des Notaires d'essayer de combler cette lacune, et il est de leur devoir d'apporter au débat le tribut de leur expérience.

5. Ce devoir, la Chambre des Notaires de Compiègne vient l'accomplir.

1. Une Commission a été formée par le Ministre de la justice avec mission de préparer un projet de loi sur la réforme du régime hypothécaire.

2. Depuis vingt-cinq années, cette réforme est l'objet des méditations des jurisconsultes et des économistes. Les vœux des Conseils gé-

---

[1] La Chambre n'a pas la prétention d'opposer ce travail à celui publié récemment par une commission des Notaires de l'Oise, dans laquelle trois de ses membres ont fait partie de la

néraux, les pétitions aux Assemblées législatives, la presse, la tribune et de nombreux ouvrages en ont proclamé la nécessité. Le dernier gouvernement, sollicité par des réclamations, alors comme aujourd'hui unanimes dans leur but, mais différentes dans leurs moyens, s'était mis à l'œuvre. Par ses soins, des renseignements aussi vastes que précieux, recueillis auprès de la Cour de cassation, des Cours d'appel et des Facultés de droit, ont été coordonnés dans un travail curieux à plus d'un titre, et dont l'examen, on doit le dire, a déjà dissipé beaucoup d'illusions.

3. Quoi qu'il en soit, jusqu'ici, la théorie et la critique seules ont parlé. On doit sans doute féliciter le gouvernement d'avoir voulu, au sujet d'une question immense comme celle de la réforme du régime hypothécaire, s'entourer des hautes lumières de la Magistrature française, mais en négligeant de consulter aussi les Chambres des notaires, il s'est privé d'observations véritablement pratiques, propres à guider le législateur dans l'examen d'une foule de théories, présentées comme le meilleur système destiné à développer le crédit foncier dans la mesure des besoins de la propriété et de l'industrie.

4. Il appartient aux Chambres des notaires d'essayer de combler cette lacune. Nous dirons plus loin les services qu'elles auraient pu rendre pour compléter la statistique du mouvement de la propriété foncière et du crédit hypothécaire. Composées des représentants d'une institution considérable et respectée, par laquelle le régime hypothécaire est mis chaque jour en action, leur opinion ne peut manquer d'obtenir la juste part d'influence due à une expérience que ne peuvent remplacer, en matière de réformes législatives, les théories les mieux étudiées. A ce point de vue, c'est un devoir pour le notariat d'apporter au gouvernement le tribut de cette expérience, et d'éclairer le débat par des observations pratiques et réfléchies.

minorité. Son seul but est de mettre en présence les principaux systèmes qui divisent en ce moment les jurisconsultes, et d'appeler l'examen sur de prétendues réformes aussi opposées aux besoins qu'à l'état de division de la propriété foncière. Elle a été encouragée dans cette tâche par l'unanimité d'opinion des membres composant la Compagnie des Notaires de Compiègne, et par une majorité considérable de l'assemblée générale des Notaires de Senlis. On peut en inférer que les principes admis dans ce travail sont communs à la très grande majorité des Notaires de l'Oise.

5. Ce devoir, la Chambre des notaires de l'arrondissement de Compiègne vient l'accomplir dans l'humble mesure de ses forces. Pleine de respect pour les institutions et les personnes, elle dira la vérité sans entraînement, mais avec indépendance. Elle soutiendra les réformes conciliables avec un progrès réel, de même qu'elle combattra les innovations dangereuses, sans autre préoccupation que celle de l'intérêt général. Son espoir sera compli, si le travail consciencieux qu'elle soumet au jugement des esprits éclairés et non prévenus peut contribuer à faire prévaloir les véritables principes, dans une matière aussi grave que celle de la révision d'une des parties les plus considérables de notre droit civil, à laquelle se rattachent si intimement la prospérité nationale, de puissantes considérations d'ordre public, en un mot, tous les intérêts généraux et particuliers.

CHAPITRE II.

Le crédit agricole. — Le crédit foncier, et les institutions de crédit.

6. **Le crédit agricole et le crédit foncier sont distincts.** Cependant on les a si souvent confondus, on s'est tant imaginé qu'ils étaient toujours solidaires, qu'on nous saura gré d'en donner ici une courte définition.

7. Par crédit agricole, on entend, en général, la facilité offerte au cultivateur, non propriétaire d'immeubles, d'emprunter pour compléter, avec ses ressources personnelles, les frais indispensables de premier établissement, c'est-à-dire du matériel nécessaire à l'exploitation

de la ferme. Or, ce crédit n'a jamais été fondé en France. S'il existe sur quelques parties du territoire, notamment dans le Nord, c'est seulement à l'état de crédit de famille. Le commerce a ses institutions de crédit [1], la propriété territoriale a la ressource de l'hypothèque ; l'agriculture seule n'a ni institutions ni ressources auxquelles elle puisse s'adresser dans ses moments de détresse. Tandis que le commerçant obtient avec facilité, dès le début, le crédit dont il a besoin pour son industrie, l'agriculteur, en possession de valeurs matérielles importantes, ne peut guère obtenir que dans sa propre famille le crédit destiné à payer ces valeurs, à améliorer sa terre, à parer aux éventualités d'une mauvaise récolte, d'une mortalité sur les bestiaux, d'une dépréciation sensible dans le prix des denrées. Cet état de choses appelle l'attention sérieuse du grand nombre d'agronomes distingués que compte la France, car il est un obstacle à la concurrence, aux améliorations agricoles, et souvent une cause de ruine pour le cultivateur.

8. Le crédit foncier appartient à la propriété immobilière. Il a pour fondement la meilleure des garanties, celle du sol, basée sur le régime hypothécaire, qui est la forme sous laquelle cette garantie doit se produire pour primer les droits postérieurs.

9. Tel qu'il est constitué depuis la publication du Code civil, ce crédit suffit aux besoins de la propriété dans les temps de prospérité générale ; mais il est dépourvu d'institutions propres à faciliter et à soutenir son développement, dans la juste mesure de l'intérêt public, aux époques de crise. De là une lacune dans nos lois, à laquelle on doit reporter les attaques dont le système hypothécaire actuel a été si souvent l'objet.

10. En effet, à défaut d'institutions de crédit, la plupart des jurisconsultes ont attribué, sans examen, aux prétendus vices de la législation des hypothèques, les fluctuations et les difficultés du crédit foncier aux différentes époques de notre histoire financière.

11. La cause de ces fluctuations est cependant facile à saisir : elle a sa source dans les évènements politiques, dans la dépréciation ou la

---

[1] Dans la Banque de France, fondée en 1799 et pourvue de certains priviléges : ses billets ont cours forcé et jouissent d'une grande confiance. — L'effet immédiat de la fondation de la Banque a été de réduire à 6 le taux de l'escompte qui auparavant était de 12 %.

hausse des effets publics », dans l'abondance ou la rareté du numéraire. Toutes les époques ont fourni à cet égard des exemples. Quand le pays est calme et les affaires prospères, le taux des effets publics s'élève graduellement; la valeur des immeubles augmente, et les capitaux, qui ne veulent ou ne peuvent se contenter d'un revenu modique, se dirigent vers les placements hypothécaires, où ils n'ont à subir que de légères réductions sur le taux de l'intérêt légal. Alors le numéraire est abondant; il dépasse les besoins de la propriété, et s'offre en vain à l'hypothèque qui le laisse sans emploi. Au contraire, si la société est agitée par des troubles graves ou par une crise financière profonde, les capitaux qui alimentent le crédit foncier se dérobent à la circulation, les fonds publics et les immeubles sont dépréciés; l'ordre politique ou financier rétabli, les capitaux courent aux fonds publics, où ils trouvent un intérêt de beaucoup supérieur au taux légal, ou bien ils sont employés en acquisitions d'immeubles offerts à bas prix. Dans ce cas, le crédit est compromis, la propriété doit se résigner, pour ses emprunts, aux plus douloureux sacrifices, et elle peut se trouver, par l'effet prolongé des difficultés financières, dans un péril aussi dangereux pour l'ordre public que pour elle-même. C'est ainsi que dans l'intervalle de 1830 à 1848, les sommes les plus considérables ont été livrées à l'hypothèque au taux réduit de 4 1/2 et même 4 % d'intérêt, tandis qu'à ces deux dates extrêmes, les immeubles, dépréciés dans leur valeur, ont vu leur crédit paralysé, et n'ont obtenu le secours de rares capitaux qu'au prix d'une élévation illégale et ruineuse de l'intérêt.

12. On doit donc demeurer convaincu de cette vérité, que les obstacles, les périls même que la propriété éprouve parfois dans ses besoins de crédit, n'ont pas leur source dans la législation des hypothèques,

---

1 Voici le cours de la rente à différentes époques (5 %) :

Floréal an 12	57 f. »	1er janvier 1820	71 »
20 mars 1811	81 50	1er janvier 1825	101 75
30 mars 1814	45 25	25 juillet 1830	105 15
30 juin 1814	65 »	25 juillet 1831	87 »
1er janv. 1815	72 65	27 juillet 1832	97 90
20 mars 1815	67 66	23 février 1848	116 40
18 juin 1815	56 25	24 février 1849	83 »
29 juin 1815	62 61	27 février 1850	95 75

mais bien dans le défaut d'institutions spéciales de crédit ; car, selon les temps et les circonstances, le crédit foncier peut exister dans de larges proportions avec un régime hypothécaire défectueux, comme il peut être à peu près nul sous la législation hypothécaire la plus parfaite.

13. La conclusion incontestable de cet état de choses, c'est que désormais, la théorie de l'extension du crédit foncier doit, pour être efficace, accepter pour base les deux propositions suivantes :

1° Institutions de crédit, sagement combinées avec les mœurs, les besoins et la législation du pays, et destinées à protéger la propriété foncière aux époques de crise.

2° Perfectionnement du régime hypothécaire par la suppression des défectuosités réelles, — moins nombreuses et moins importantes qu'on se l'imagine généralement, — qui entravent parfois le crédit. En même temps et comme mesure capitale, amélioration des lois sur l'expropriation et l'ordre en justice.

14. Mais quelles seront ces institutions de crédit ? Indispensables seulement dans les circonstances exceptionnelles, sont-elles dans les vœux et les besoins généraux ? Seront-elles indépendantes de l'État ? L'État sera-t-il appelé à y prendre une part active et permanente, ou seulement à les réglementer, comme il est arrivé pour la Banque de France ? Telles sont les questions adressées aux hommes appelés par leurs études spéciales à élaborer ces institutions encore à l'état de théorie dans notre pays, et qui ont besoin d'être mûries et sérieusement discutées. Quant à nous, nous ne pourrions essayer de les résoudre ici, sans sortir des bornes d'un travail essentiellement pratique. Nous exprimerons seulement la pensée que des institutions sagement établies, respectant dans la mesure de l'équité les droits acquis aux propriétés de toute nature, évitant soigneusement tout ce qui pourrait servir de prétexte au papier-monnaie, obtiendraient à coup sûr l'approbation de tous les amis d'un progrès réel et utile.

15. C'est à ce point de vue que nos vœux accompagneront l'initiative des pouvoirs publics, ou les efforts des citoyens qui, dans un dévouement sincère à la prospérité du pays, tenteront de populariser en France, sous des modifications indiquées par la différence des législations et des habitudes, les institutions de crédit dont nos voisins d'outre-Rhin retirent de grands bienfaits. Le régime hypothécaire actuel

suffit. sans contredit, pour que les établissements de crédit foncier, qu'ils soient organisés sous la dépendance du gouvernement ou en dehors de l'action de l'Etat, puissent fonctionner avec utilité et sécurité. Cependant, nous faisons nos réserves sur la nécessité de modifier les institutions allemandes de crédit pour leur introduction en France. Nous croyons même qu'elles sont impropres à y servir de modèle, et qu'on doit les considérer simplement comme un stimulant pour une combinaison appropriée à nos besoins et à nos lois. On en jugera par les principes communs à ces établissements de crédit à l'étranger, que nous trouvons dans un rapport récemment publié [1].

« Ils sont provinciaux, exclusivement bornés à la localité qu'ils desservent, absolument indépendants de l'Etat, aux finances duquel ils n'ont rien à donner, rien à prendre. Ils sont formés par les plus grands possesseurs de biens fonds du pays, s'associent entre eux pour emprunter en commun sur hypothèque.

« Ils délivrent aux capitalistes, en échange des capitaux prêtés, des lettres de gage de cent, cinq cents, mille florins (nous ne mentionnons pas ici toutes les coupures), rapportant un intérêt qui est en général de quatre pour cent, et acquittables, non par le propriétaire qui emprunte, mais par l'association elle-même, de sorte que ces titres de gage offrent toute sécurité quant à l'intérêt et au remboursement du capital, circulent comme des rentes en France et en Angleterre, et même en tiennent lieu dans un pays où il n'y a presque pas de dette publique.

« Ces institutions, qui présentent dans chaque pays diverses particularités exceptionnelles, reposent donc universellement sur ces principes essentiels :

« 1° D'emprunter en commun contre des lettres de gage, portant un intérêt modique, remboursables à des échéances éloignées que l'association peut toutefois rapprocher, si elle a intérêt à le faire.

« 2° De prêter à des propriétaires plutôt grands que petits, puisque le prêt ne descend pas au-dessous de 2,000 florins sur des biens de 4,000 au moins (8 à 9,000 francs).

« 3° De prêter sur première hypothèque, sans priviléges pour les

---

[1] Rapport général présenté par M. Thiers, au nom de la commission de l'assurance et de la prévoyance publiques. — *Monit*. du 27 janvier 1856.

veuves ou les mineurs, la moitié de la valeur de l'immeuble, avec remboursement successif du capital, au moyen d'un amortissement joint à
l'intérêt, et avec faculté de vendre au premier retard, sans aucune des
formalités qui ralentissent l'expropriation en France. »

Si telle était l'organisation des institutions de crédit de l'autre côté
du Rhin, elle serait loin de répondre à ce qu'on projette en France, lorsqu'on parle de mettre, par des institutions semblables, l'argent à la disposition de la petite propriété; mais le rapport, dont on vient d'extraire
certains passages, ne contient, selon ses propres expressions, que les
principes essentiels et communs, sans indication des particularités exceptionnelles dans chaque pays. Or, ces particularités sont fort importantes : ainsi, loin que ces établissements de crédit soient tous absolument indépendants de l'Etat et de ses finances, en Hanovre, le gouvernement garantit, jusqu'à concurrence d'un maximum, l'ensemble des
opérations du système. Il en est de même en Gallicie. La Hesse électo-
rale va beaucoup plus loin, et l'Etat dirige pour son compte l'association de crédit hypothécaire. D'un autre côté, la valeur des biens sur
lesquels on peut emprunter descend à 1,775 francs ; le prêt peut être
abaissé à 1,000 florins, ou même 500 (1,075 francs), et en Wurtemberg il est fait des avances à la petite propriété jusqu'à concurrence de
100 florins (275 francs)[1]. L'intérêt des prêts hypothécaires, en Prusse,
ne s'élève pas au-dessus de 3 ou 3 1/2 %[2] ; enfin, les billets ou lettres de
gage sont fractionnés en un grand nombre de coupures, et peuvent descendre même à 5 florins[3].

16. C'est aux économistes, aidés par les jurisconsultes, à poser en
cette matière les véritables principes, et à résoudre les difficultés au
double point de vue d'un système pratique et d'utilité générale. Fonder

[1] *Des Institutions de crédit foncier en Allemagne et en Belgique*, par M. Royer, p. 17
76, 112, etc.

[2] *Concordance entre les lois civiles étrangères et le code français*, par M. Anthoine de
Saint-Joseph, introd. p. 28.

Concordance entre les lois hypothécaires étrangères et françaises, par le même auteur,
introd. p. 57.

le crédit agricole, ouvrir de nouvelles sources au crédit foncier, rendre l'usure impossible et les expropriations rares, écarter de la propriété immobilière les périls qui se renouvellent pour elle à chaque crise financière, voilà une œuvre qui suffirait à la gloire d'une époque, et mériterait à ses auteurs la reconnaissance du pays.

CHAPITRE III.

Des divers systèmes hypothécaires.

PRÉFÉRENCE ACCORDÉE AU SYSTÈME CONSACRÉ PAR LE CODE CIVIL.

17. Le but commun des partisans de la réforme hypothécaire, c'est le développement du crédit par la sûreté et la facilité de la garantie, et par une telle restriction dans les formes judiciaires, que le crédit, dégagé de leurs entraves ruineuses, puisse descendre jusqu'à l'immeuble de la plus modique valeur ; mais à côté de ce but, qui est aussi le nôtre, il y a les moyens de réalisation, et c'est ici que les jurisconsultes cessent d'être d'accord.

18. Les hommes les plus compétents en science économique et en législation ont formulé à ce sujet les théories les plus opposées :

Les uns, regardant comme la cause du mal l'abandon des principes de la loi de brumaire an VII, ont proposé de revenir à cette loi par un système de publicité sans limites, appliqué aux transmissions des droits réels ainsi qu'aux privilèges et hypothèques.

Les autres ont demandé la conservation du système édicté par le Code civil, qu'ils considèrent comme ayant réglé les principes de la spécialité et de la publicité dans une mesure sage, en rapport avec l'état de la propriété et sa division incessante.

D'autres encore, charmés par la prospérité des banques foncières en Allemagne, voudraient transporter dans le Code civil les dispositions principales du système germanique.

19. Ces divers systèmes sont les seuls, parmi le grand nombre de ceux élaborés jusqu'ici, qui répondent à l'idée générale que la réforme du régime hypothécaire doit prendre pour point de départ le Code civil lui-même, si elle ne veut être abusive, et aggraver le mal au lieu d'y porter remède. Nous croyons utile d'en donner ici une analyse rapide, et de placer, à cette occasion, la législation intermédiaire et la législation germanique en regard du système que le Code civil a consacré, et qui régit les transactions en France depuis près d'un demi-siècle.

Système de la loi du 11 brumaire an VII.

20. On sait toute la simplicité du régime hypothécaire sous le droit ancien. L'hypothèque, quelle que fût sa nature, résultait de plein droit des actes authentiques et des jugements ; elle était occulte et générale. Ce système, qui n'offrait de sécurité à personne, était devenu l'objet d'une réprobation universelle, que le préambule d'un édit du mois de juin 1771[1] a constatée en termes énergiques. Il fut remplacé par la loi du 9 messidor an III[2], qui vint substituer à l'hypothèque occulte un système de publicité, et poser sur la matière des principes nouveaux. Cette

---

[1] Rapporté dans la collection d'Isambert, Decrusy, etc., t. XXII, p. 530.
[2] Insérée au *Bulletin annoté des lois* de M. Lepec, t. VI, p. 32.

·loi maintint à l'hypothèque le caractère tacite et général qu'elle avait eu sous l'ancienne législation, mais elle assujettit les hypothèques, sans distinction, à une inscription sur des registres publics. Elle prescrivit, en outre, que les transmissions de biens territoriaux seraient, à l'avenir, reçues devant des officiers publics, à peine de nullité. Une procédure plus simple que l'ancienne fut établie pour leur purgement. — Bornée à ces dispositions, la loi de l'an III, malgré ses imperfections et sa singulière invention de l'hypothèque sur soi même, eût rendu un véritable service au crédit territorial, mais elle ne reçut point d'exécution, à cause de la formalité des déclarations foncières prescrite par un décret rendu le même jour que la loi [1]. Ces déclarations, imitées du régime en vigueur en Allemagne et très détaillées, devaient être faites dans chaque municipalité, en triple expédition, et affirmées devant notaire. Toute hypothèque, toute aliénation, toute saisie réelle devait être précédée de la déclaration foncière des immeubles. Or, cette formalité, opposée à de longues habitudes, et impraticable en France, sur cet immense échiquier qu'on appelle le sol, devait être pour le nouveau Code hypothécaire une cause radicale d'impuissance.

Tel était l'état des choses, lorsque parut la loi du 11 brumaire an VII. — Cette loi partage ses dispositions entre deux bases fondamentales : la publicité et la spécialité.

Tous les priviléges et toutes les hypothèques sont assujettis à l'inscription, sous une exception unique admise en faveur de certains priviléges généraux reproduits par l'article 2101 du Code civil, et qui, à défaut de mobilier, s'étendent sur les immeubles. — Voilà pour la publicité.

Toute stipulation volontaire d'hypothèque doit indiquer la nature et la situation des immeubles hypothéqués; elle ne peut comprendre que des biens appartenant au débiteur lors de la stipulation. L'hypothèque judiciaire ne peut affecter que les biens appartenant au débiteur lors du jugement. Quant aux hypothèques légales, elles frappent, au moment même de l'inscription, sur tous les biens appartenant au débiteur, et situés dans l'arrondissement du bureau. — Voilà pour la spécialité.

Essayant de concilier l'obligation absolue de la publicité de l'hypo-

[1] Voyez *Bulletin annoté* de M. Lepec, t. VI, p. 61.

thèque légale avec la conservation des droits des femmes mariées et des mineurs, le législateur avait prescrit au subrogé-tuteur, et aux parents ou amis prenant part à la nomination d'un tuteur ou curateur, chacun individuellement et sous leur responsabilité solidaire, de requérir les inscriptions ou de veiller à ce qu'elles fussent faites en temps utile. Celles au profit des époux mineurs devaient être requises par les père, mère et tuteur, sous l'autorité desquels les mineurs contractaient mariage, sous peine aussi de répondre du préjudice qui en résulterait.

Une disposition sur le mode de consolider et purger les expropriations, subordonne la transmission, vis-à-vis des tiers, à la transcription des contrats au bureau des hypothèques de la situation des biens. En voici les termes : « Les actes translatifs des biens et droits susceptibles d'hypothèques doivent être transcrits sur les registres du bureau de la conservation des hypothèques dans l'arrondissement duquel les biens sont situés. Jusque là, ils ne pourront être opposés aux tiers qui auraient contracté avec le vendeur, et qui se seraient conformés aux dispositions de la présente. »

Viennent ensuite les règles relatives au mode de purger la propriété des priviléges et hypothèques, règles généralement reproduites par le Code civil et le Code de procédure. Néanmoins, la surenchère devait être formée dans le mois ; elle n'était que du vingtième du prix stipulé dans le contrat; et le surenchérisseur sur aliénation volontaire n'était pas, comme sous le Code civil, assujetti à fournir caution.

Le système hypothécaire établi par la loi du 11 brumaire an VII, a été complété par une autre loi du même jour, sur les formalités de la saisie réelle et de l'ordre entre les créanciers.

Système consacré par le code civil.

21. Le Code civil a été, on le sait, une transaction entre le droit romain, suivi dans les provinces du midi de la France, le droit coutumier, en usage dans les provinces du Nord, et les principes nouveaux que la Révolution a fait surgir. Ces éléments, délivrés de leurs exagérations et sagement combinés par les grands jurisconsultes de l'époque, se font,

dans les différentes parties du Code, d'incessantes et mutuelles concessions.

Ce caractère particulier du Code civil devait se retrouver surtout dans la matière des priviléges et hypothèques. Lors de la discussion de cette partie du Code au Conseil d'État, le droit romain avec ses hypothèques tacites, le droit coutumier avec ses saisines et ses nantissements, et le principe de la publicité en usage depuis la loi de l'an VII, furent soutenus tour à tour avec une vivacité extrême. Cependant, la publicité, introduite par la dernière loi à l'égard de la transmission des droits réels et de l'hypothèque légale des femmes et des mineurs, avait soulevé de telles critiques [1], que, par une réaction qui aurait dépassé le but, on fut sur le point de revenir à l'application de l'édit de 1771, c'est-à-dire à l'hypothèque occulte. Le régime actuel prévalut par l'influence du premier Consul qui dit : « Que le système de la publicité et de la spécialité était acquis à la France depuis l'an VII, » mais qui toutefois, regardant les droits des femmes et des mineurs comme gravement compromis par la nécessité de l'inscription, fit décider que la sûreté de la femme et du mineur devait être préférée à celle des acquéreurs et des prêteurs [2].

Le système hypothécaire consacré par le Code civil est donc un système mixte : c'est la publicité et la spécialité, comme sous la loi de l'an VII, mais avec des modifications et des tempéraments.

Voici ses principes généraux :

L'hypothèque est indivisible et ne peut être constituée que sur des immeubles.

En général, les priviléges et les hypothèques sont assujettis à l'inscription pour produire effet vis-à-vis des tiers, mais ce principe de la publicité reçoit plusieurs modifications importantes.

Ainsi, aucun délai n'est fixé au vendeur pour s'inscrire ; son inscription prise, elle remonte à la date du contrat de vente.

Le privilége de co-partageant ou de co-licitant rétroagit au jour du partage ou de la licitation, s'il est inscrit dans les soixante jours.

---

[1] Cette disposition fut qualifiée de *désastreuse* par M. Tronchet, *confér.*, t. VII, p. 223.

[2] *Conférences*, t. VII, p. 142.

Le privilége en matière de séparation des patrimoines a six mois, à dater du décès, pour se révéler aux créanciers de l'héritier.

Enfin, les hypothèques légales des femmes, des mineurs et des interdits sont dispensées de l'inscription.

Les hypothèques conventionnelles doivent résulter d'un acte authentique, et sont spéciales. Elles ne peuvent avoir pour objet que les biens présents, mais elles peuvent s'étendre aux biens à venir, s'il est exprimé que les biens présents et libres du débiteur sont insuffisants.

Les hypothèques légales et les hypothèques judiciaires sont générales et s'étendent aux biens à venir.

Ces hypothèques peuvent être restreintes ou spécialisées sous certaines formalités.

Le renouvellement des inscriptions est prescrit tous les dix ans.

Le tiers détenteur poursuivi a le choix de payer ou de délaisser l'immeuble.

La transcription n'est déclarée nécessaire que comme préliminaire de la purge.

La surenchère est admise, mais le créancier surenchérisseur sur aliénation volontaire est assujetti à fournir caution.

La purge des hypothèques légales non inscrite est soumise à des formalités particulières.

Les registres hypothécaires sont publics, et les conservateurs responsables.

Tel est le système qui, depuis près de cinquante années, suffit en France aux transactions multipliées aux intérêts divers et considérables qu'il est appelé à protéger. Dix-huit états étrangers en ont adopté les principes. Ce sont ceux de Bade, Bavière-rhénane, Prusse et Hesse-rhénane, Bolivie, Deux-Siciles, États romains, Grèce, Haïti, Hollande, Iles-Ioniennes, Louisiane, Parme, Portugal, Sardaigne, canton du Tessin, Toscane, canton de Vaud et Brunswick. La plupart de ces pays se conformèrent au régime hypothécaire français dès qu'il fut promulgué, et son influence devint bientôt si puissante, que, malgré la restauration qui s'opéra forcément dans les lois à la chute de l'Empire, les nations que nous venons de nommer revinrent insensiblement aux principes de notre Code, quelques-unes avec des modifications que l'expérience avait rendues nécessaires, ou auxquelles l'état de la propriété, dans ses rapports avec la division des héritages, n'opposait pas, comme en France, de sérieux obstacles à étudier.

Système hypothécaire allemand.

22. Un autre système partage avec le Code français l'honneur d'être pris pour modèle par beaucoup de nations étrangères ; c'est le système allemand. Une ordonnance prussienne, du 20 décembre 1783, lui a servi de type. On a beaucoup parlé dans ces derniers temps des banques immobilières en Prusse et en Allemagne ; de la simplicité et de la sûreté de leurs opérations ; des services immenses dont la propriété et l'industrie leur étaient redevables ; et à ce sujet, on a tant exalté le système germanique aux dépens du Code français, que nous sommes heureux de pouvoir offrir ici un court exposé de ce système. On y trouvera, nous le croyons, que la prospérité des établissements de crédit foncier, en Allemagne, tient plutôt à leur institution même et à la confiance publique qu'à la différence des formalités dans les deux législations que nous mettons en présence.

Le régime hypothécaire allemand renferme la double combinaison des lois des 9 messidor an III et 11 brumaire an VII. Il prescrit l'inscription de tous les immeubles sur des registres, avec une page spéciale pour chaque immeuble ; il prescrit également l'inscription de toute mutation d'immeuble et de toutes les charges et modifications de la propriété. Les inscriptions d'hypothèques légales sont prises à la diligence des administrateurs ou du tribunal des tutelles.

Les registres sont tenus par les Cours et Tribunaux. Leur communication ne peut être donnée qu'au propriétaire, ou à celui qui y est autorisé par lui ou par le Tribunal, sans la permission duquel des extraits ne peuvent en être délivrés.

Ce n'est que quand on est inscrit comme propriétaire d'un immeuble qu'on peut en disposer ou l'hypothéquer. En cas de mutation, si l'inscription n'est pas faite dans l'année, les parties peuvent y être contraintes et sont condamnées à une amende.

Les actes de mutation doivent être authentiques, c'est-à-dire passés devant un tribunal ou un notaire, pour pouvoir être inscrits. Il en est de même de toute cession d'un droit hypothécaire.

Pour prendre une inscription, ou pour opérer une transcription, une reqnête, signée et légalisée par un notaire, est présentée à la Cour ou au Tribunal, et ce n'est qu'après examen des titres, s'ils sont reconnus en règle, que le teneur des livres hypothécaires est autorisé à opérer l'inscription. Si celui-ci conçoit encore des doutes, même après le décret, il doit en référer à la Cour. La date de la présentation de la requête, et non celle du décret, fixe le rang de l'inscription, non seulement par jour, mais par heure.

Des prénotations, qui sont des inscriptions provisoires destinées à réserver un rang à l'inscription lorsqu'elle devient définitive, ou à corriger l'effet des lenteurs de l'examen des titres, peuvent être requises dans le cas de difficultés sur l'existence ou la validité d'un acte, ou avant qu'un acheteur ait fait inscrire son titre.

Le créancier non payé peut demander ou la saisie, ou le séquestre, ou l'envoi en possession.

Enfin, aucune prescription ne peut atteindre une créance inscrite.

Ce système, qui présente dans chaque pays des particularités exceptionnelles, est en vigueur dans vingt-un états, à savoir : Autriche, Bavière, canton de Berne, Brême, Fribourg, Genève, Hanovre, grand duché de Hesse, Hongrie, Lauenbourg, Meklembourg, Milan, Pologne, Prusse, Saxe, Saxe-Weimar, canton de Soleure, Wismar, Wurtemberg et Oldenbourg. On remarquera qu'aucune disposition ne fait allusion aux établissements de crédit foncier fondés dans ces pays. Ajoutons que nous avons exploré avec soin les textes des différentes lois hypothécaires dont le système allemand a été le point de départ, et que nous n'avons rencontré dans aucune, ni la méthode, ni la précision, ni la prévoyance qui ont fait de notre législation hypothécaire, malgré ses imperfections, une œuvre de sagesse et d'expérience.

Préférence accordée au code civil sur les autres législations hypothécaires.

23. Tel est en résumé le fondement principal de chaque système hypothécaire dont nous venons d'esquisser les principes :

Le système de l'an VII prescrit la transcription des actes translatifs de propriété et la publicité des hypothèques de toute nature.

Le système germanique, avec lequel le Code de l'an III était en harmonie sur beaucoup de points, exige plus : indépendamment de la publicité des actes de mutation et des charges et modifications de la propriété, il prescrit avant tout l'inscription de chaque immeuble sur des registres fonciers, et l'authenticité de tous les actes.

Enfin, le régime établi par le Code civil rejette la transcription comme condition du déplacement de la propriété, et il n'admet la publicité en matière d'hypothèque que sous des modifications rendues nécessaires par de hautes raisons d'ordre et d'intérêt public.

24. Notre opinion, profondément méditée, est que ce dernier régime est le seul qui soit actuellement praticable en France.

Nous dirons pourquoi :

Le principe absolu de la publicité des actes qui transfèrent ou démembrent la propriété, tel qu'il est inscrit dans la loi de l'an VII, ne convient qu'aux grands biens, qu'aux pays où la propriété territoriale, encore dans les liens de la féodalité, forme l'apanage exclusif de l'aristocratie, où les institutions politiques et les combinaisons légales s'opposent à la division des héritages; à plus forte raison si, à ce même principe on ajoute, comme le régime en vigueur en Allemagne et comme l'avait fait la loi de l'an III, la formalité préliminaire de l'inscription de chaque immeuble sur des registres [1]. En adoptant ces dis-

---

[1] On aura une idée du travail énorme qu'occasionnerait, en France, l'inscription de tous les immeubles sur des registres avec une page spéciale pour chaque immeuble, si on considère que le nombre de cotes foncières étaient :

En 1815 de.	10,083,731 fr.
1826.	10,296,693
1833.	10,750,000
1835.	10,893,528
1839.	10,998,720
1844.	11,124,213

Ces chiffres ont été énoncés en la séance du Congrès central d'agriculture, du 19 mars 1850 ; il faut se garder de les confondre avec le nombre des parcelles, qui est bien autrement considérable. Le nombre de parcelles, évalué au chiffre à peu près exact de 10 par cote fon-

positions, le Code de l'an III et la loi de l'an VII avaient évidemment préparé leur propre ruine.

Le Code civil, au contraire, en ne prescrivant la publicité que dans une mesure suffisants aux intérêts et aux sûretés réciproques de la propriété, du crédit et de la transmission, a fait acte de haute sagesse; il a conservé dans toute sa force le grand principe suivant lequel la propriété se transmet par le simple consentement, principe en harmonie avec la situation faite à la propriété par nos institutions démocratiques et nos lois civiles, qui poussent des deux mains à la division des héritages. Sans amoindrir les sûretés et le crédit de la grande propriété, il s'est placé, par son système mixte, au point de vue de la petite propriété, si laborieuse, si économe, si utile au pays. De là, aux yeux des hommes d'expérience, sa supériorité incontestable sur les systèmes qui l'ont précédé et sur ceux qui l'entourent.

Au surplus, un simple rapprochement suffira pour démontrer cette supériorité avec évidence : La loi de l'an III, que nous retrouverions

cière, s'élèverait à plus de cent millions. — Voici, pour compléter ces renseignements, la division de la liste des 10,228,056 cotes foncières en 1829, savoir :

De 20 fr. et au-dessous.	8,024,987
21 à 30.	663,237
31 à 50.	642,345
51 à 100.	527,991
101 à 300	335,505
301 à 400.	34,594
401 à 500.	17,028
501 à 600.	9,997
601 à 700.	6,379
701 à 800.	4,254
801 à 900.	3,044
901 à 1000.	2,495
1001 à 1500.	8,634
1501 à 2000.	3,313
2001 à 2500.	1,561
2501 à 3000.	832
3001 à 4000.	864
4001 à 5000 et au-dessus.	999
	10,288,056

tout entière aujourd'hui dans le système germanique, n'a pu être mise à exécution ; celle de l'an VII a duré cinq années à peine, et elle est tombée devant les réclamations universelles suscitées par ses exagérations de publicité ; quant au Code civil, près de cinquante années nous séparent de sa date, durant lesquelles le mouvement de la propriété et le crédit foncier n'ont cessé de s'élargir.

25. Est-ce à dire que le régime hypothécaire actuel soit parfait ? Non assurément. Si, à part les défectuosités qu'une jurisprudence intelligente eût fait disparaître, la grande propriété trouve sous ce régime crédit et sûreté, en revanche, la petite propriété (nous voulons parler de celle dont la valeur vénale n'excède pas 3,000 fr.) y est défavorablement traitée. C'est pour elle surtout que les frais d'expropriation et d'ordre judiciaire sont une cause permanente de discrédit et de ruine. Une réforme est donc indispensable, mais toute réforme du régime hypothécaire sera imparfaite, inutile, sans progrès réel, si le législateur, bornant ses explorations au Code civil, ne porte une main puissante sur les formalités de procédure.

La réforme, à ce double point de vue, est le but que nous poursuivrons dans ce travail. Nous en indiquerons les bases et les formules sous es chapitres suivants.

CHAPITRE IV.

Documents statistiques.

MOUVEMENT DE LA PROPRIÉTÉ IMMOBILIÈRE ET IMPORTANCE
DU CRÉDIT FONCIER SOUS LE CODE CIVIL.
CHIFFRE DE LA DETTE HYPOTHÉCAIRE EN FRANCE.

26. Depuis soixante années, le mouvement et la valeur de la propriété, secondés d'abord par les lois intermédiaires, et plus efficace-
ment ensuite par le Code civil, ont pris un essor qui n'a cessé d'augmenter jusqu'à nos jours. Durant cette période, la valeur moyenne des
immeubles a triplé en France.

27. Le crédit foncier a suivi cette impulsion dans une proportion que

les documents officiels permettent de considérer comme exactement égale.

28. En ce qui concerne les ventes d'immeubles, voici le mouvement de progression qu'elles ont suivi pendant dix années, savoir :

1832, prix des ventes montant'. . . .	1,086,997,147	fr.
1833	id.	1,165,576,877
1834	id.	1,120,920,594
1835	id.	1,124,258,821
1836	id.	1,231,816,110
1837	id.	1,238,127,532
1838	id.	1,234,325,368
1839	id.	1.314,935,581
1840	id.	1,344,003,437
1841	id.	1,382,418,490

Ainsi, dans l'intervalle de 1832 à 1842, l'importance des ventes d'immeubles s'est accrue de 295,431,343 francs, c'est-à-dire de plus d'un quart.

29. Les prix des ventes pour l'année 1841 s'appliquent :

Aux ventes amiables, pour. . . . . 1,250,567,722 fr.

Aux ventes judiciaires sur expropriation forcée, pour 35,612,247

Et aux ventes judiciaires autres que celles sur saisie immobilière, compris celles faites devant notaires commis par les tribunaux, pour. 96,238,521

Somme égale au montant total des prix de vente pour 1841. . . . . , ... 1,382,418,490 fr.

30. Voici la division de ces ventes :

	Nombre des ventes.	Prix des ventes.
Ventes de 600 fr. et au-dessous . .	701,021	169,207,728 f.
Ventes de 600 fr. à 1,200 fr. . . .	162,503	141,845,741
Ventes au-dessus de 1,200 fr. . . .	195,917	1,071,565,021
	1,059,441	1,382,418,490

31. Pendant l'année 1841, il a été transcrit dans les 365 bureaux d'hypothèques, savoir :

	Nombre des ventes.	Prix des ventes.
Ventes de 600 fr. et au-dessous . .	85,959	27,387,456 f.
Ventes de 600 à 1,200 fr.	48,500	43,034,527
Ventes au-dessus de 1,200 fr. . . .	97,558	795,556,535
	231,777	865,978,498

En rapprochant ce document de celui qui précède, on trouve que le nombre des transcriptions est au nombre des contrats, savoir : Pour les ventes de 600 fr. et au-dessous de 12, 25 °/₀ ; pour les ventes de 600 fr. à 1,200 fr. de 29, 72 °/₀ ; pour les ventes au-dessus de 1,200 fr., de 49, 78 °/₀ ; enfin sur la totalité des ventes, de 21, 87 °/₀.

32. On a recherché les causes qui pouvaient porter un si grand nombre d'acquéreurs à négliger la formalité de la transcription. Si l'on en croit les documents publiés par le gouvernement en 1844 [1], en général, les transcriptions sont plus fréquentes pour les contrats passés dans les villes que pour ceux passés dans les communes rurales ; la faible quotité du prix de la plupart des ventes est la cause principale de l'infériorité numérique des transcriptions ; les frais de transcription aggravent considérablement les charges de l'acquéreur pour les ventes de 600 fr. et au-dessous ; le terme moyen du prix de ces ventes, qui forment les deux tiers du nombre total, est d'un peu plus de 200 fr. ; il en est beaucoup, et c'est peut-être le plus grand nombre, dont le prix n'excède pas 100 fr., 50 fr., et même 20 fr. Pour les ventes de cette classe, on ne lève pas d'expédition, comment pourrait-on songer à les faire transcrire ?

A ces motifs, on doit ajouter celui tiré de l'inutilité de la transcription aux yeux des parties, car même pour les ventes de 1,200 fr. et au-dessus, le nombre de transcriptions ne s'élève pas à la moitié des contrats.

---

[1] Documents relatifs au régime hypothécaire publiés par ordre de M. le Garde des Sceaux, t. III, p 509.

33. Il faut rendre au dernier gouvernement cette justice, qu'il a fait les plus louables efforts pour placer sous les yeux du public des renseignements étendus, et coordonnés avec intelligence, pour l'étude de la grande question de la réforme hypothécaire. Cependant, ces renseignements sont incomplets sous deux rapports : d'abord, et nous l'avons déjà dit, sous le rapport essentiellement pratique ; ensuite par l'absence de tous documents sur le nombre des transcriptions, comparé au nombre d'actes, tant sous l'empire de la loi de l'an VII, qui rendait obligatoire cette formalité, que sous le Code civil, en ce qui concerne les donations d'immeubles, à l'égard desquelles la transcription hypothécaire est également de rigueur vis-à-vis des tiers. Ces lacunes sont regrettables, surtout en présence d'une pensée de révision dont la publicité absolue serait le point de départ. Si M. le Ministre de la Justice, au lieu de s'adresser à son collègue des Finances, avait fait un appel aux chambres des notaires, il aurait obtenu du notariat, en quinze jours, sur le nombre et la division des ventes et des prêts hypothécaires, les renseignements que M. le Ministre des Finances a mis plus de trois ans à recueillir. Nous savons, par une expérience récente dans notre arrondissement, que quelques heures suffisent, dans chaque étude, pour la réunion de ces documents sur les répertoires d'une année entière. Le gouvernement ne jugera-t-il pas opportun d'user de ce moyen à l'avenir ? Il aurait recours, en même temps, aux receveurs d'enregistrement pour les actes sous seings-privés, et aux conservateurs des hypothèques pour le nombre et la division des transcriptions ; le travail de ces employés serait ainsi singulièrement modifié, et l'administration pourrait, dès les premiers mois de l'année, communiquer au public des renseignements précieux, en ce qu'ils serviraient à faire apprécier l'état de la propriété immobilière par ses mutations, sa division et son crédit, dans le cours de l'année précédente. Nous osons appeler toute l'attention de M. le Ministre de la Justice sur ce point, et lui offrir pour ces documents utiles notre dévouement et notre concours.

34. En attendant, la chambre des notaires de Compiègne a dû chercher à suppléer, dans la sphère de ses attributions, aux renseignements omis dans le travail publié par M. le Garde des Sceaux, et voici le résultat obtenu :

Il a été reçu dans le cours de l'an X, par les différents notaires de

l'arrondissement de Compiègne, 3,400 actes assujettis à la transcription par la loi du 11 brumaire an VII. Pendant la même année, il a été
transcrit au bureau des hypothèques de Compiègne, 542 actes seulement.

Durant le cours des années 1845, 1846, 1847, il a été reçu par les
notaires du même arrondissement, 1274 actes portant donation entre-
vifs d'immeubles, et sujets à la transcription, d'après les articles 939
et 941 du Code civil. Sur ce nombre, 73 seulement ont été transcrits.

35. Il n'y a pas de documents positifs sur l'importance des prêts hypothécaires pendant les années antérieures à 1840 ; mais des calculs, que
l'administration présente comme à peu près exacts, établissent qu'en
1832 ces prêts se sont élevés à quatre cents millions.

Ils se sont élevés, savoir :

En 1840 à	519,278,159 fr.
En 1841 à	491,575,820
En 1842 à	509,555,003
Total pour les trois années. . . .	1,520,408.982 fr.
Dont le tiers pour terme moyen est de. .	506,802,994

36. Pour 1841, ces prêts se divisent comme il suit :

	Nombre d s prêts.	Montant d:s prêts.
Prêts hypothécaires de 400 fr. et au-dessous	155.220	36,640,928
Prêts de 400 à 1,000 fr.	89,803	62,421,267
Prêts au dessus de 1,000 fr.	84,553	392,513,625
	529,576	491,575,820

Selon le témoignage unanime des conservateurs d'hypothèques et
des préposés d'enregistrement, une grande partie de ces emprunts
(les trois quarts dans quelques départements), est employée à payer
les termes échus des prix d'acquisitions antérieures d'immeubles [1].

37. C'est ici le lieu de rechercher, à l'aide des documents qui précè-

---

[1] Documents relatifs au rég hyp., t. III, p 509.

dent, quel est approximativement le chiffre de la dette hypothécaire en France. Nous croyons que l'administration et beaucoup de savants économistes ont à se reprocher, sous ce rapport, des erreurs qu'il est utile de réfuter.

D'après les documents publiés par M. le Ministre de la justice [1], les inscriptions hypothécaires non rayées ni périmées, existant sur les registres des bureaux des hypothèques, s'élevaient, au 1er juillet 1832, à 11,233,265,778 fr., et au 1er juillet 1840 elles présentaient une valeur de 12,544,098,600 fr. « Ce dernier chiffre, ajoute M. le Ministre, comprend pour environ 1,250,000,000 de créances éventuelles, au profit du trésor public, des femmes, des mineurs, des interdits, et de tous autres particuliers. L'intérêt ni le capital de ces créances ne sont exigibles; on ne peut donc les considérer comme une charge qui diminue le revenu de la propriété foncière. Les inscriptions concernant les créances *actuelles* et *liquides* se réduisent ainsi à environ 11 milliards 300 millions. »

Des écrivains ont maintenu le chiffre de 12 milliards et demi ; d'autres l'ont élevé, dans leur imagination irréfléchie, jusqu'à 20 milliards, mais toutes ces évaluations sont empreintes d'une exagération que les plus simples calculs eussent évitée.

Les hypothèques pour créances actuelles et liquides ont trois sources différentes : les prêts hypothécaires, les ventes à prix payables à terme et soumises à la transcription ; et les jugements.

La durée des prêts hypothécaires doit être évaluée en moyenne à cinq années. Les délais pour les prix de ventes, non payés comptant, n'excèdent pas, en moyenne, deux années ; on a vu, d'ailleurs, que la plupart des prêts hypothécaires ont pour cause l'échéance des prix d'acquisition. Quant aux dettes hypothécaires résultant de jugements, on peut évaluer leur durée moyenne à trois années ; mais il est à remarquer que beaucoup de condamnations judiciaires sont prononcées contre des débiteurs qui ne possèdent aucun immeuble, et à l'égard desquels le droit d'hypothèque est par conséquent illusoire.

De la combinaison de ces bases avec les documents que nous publions sous ce chapitre, découlent tous les éléments propres à établir le chiffre

[1] Documents relatifs au régime hypothécaire, t. III, p. 512.

de la dette hypothécaire en France. Voici ce chiffre tel qu'il ressort des éléments que nous venons d'indiquer :

§ Ier. *Prêts hypothécaires.* — Leur moyenne annuelle étant de 506,802,994 francs, donne pour cinq années, durée moyenne des délais accordés aux débiteurs. . . . . 2,534,004,970 fr.

§ II. *Prix non payés des ventes transcrites.* — Les prix des ventes transcrites s'élèvent en moyenne à 865,978,498 francs ; mais parmi les ventes soumises à la transcription, un tiers au moins porte quittance du prix ; les deux autres tiers seulement sont inscrits d'office sur les registres hypothécaires, et produisent pour deux années de délai, en moyenne. 1,154,637,998

§ III. *Créances résultant de jugements.* — Il n'existe sur leur importance moyenne annuelle aucun document certain. C'est une nouvelle lacune ajoutée à celles déjà signalées. Toutefois, on sera, nous le croyons, dans l'exactitude des faits, en fixant à 300,000 fr. en moyenne, pour chaque arrondissement, les condamnations prononcées par les tribunaux de tout degré, et dont l'inscription est faite aux bureaux d'hypothèques. Or, cette moyenne pour les 362 arrondissements, multipliée par trois années de délai, ajoute à la dette hypothécaire une somme de 325,800,000

Le chiffre total de la dette hypothécaire serait donc de . . . . 4,014,442,968 fr.

On objectera qu'il faudrait comprendre dans la dette hypothécaire les prix non payés des ventes que les possesseurs s'abstiennent de faire transcrire. Soit : mais en calculant pour ces ventes comme nous l'avons fait pour celles transcrites, on ne trouvera pas une somme supérieure à 244,293,328 francs.

Ainsi, 4 milliards 360 millions, voilà le chiffre de la dette foncière réelle. Si nous ne nous abusons, ce chiffre est au-delà de la vérité, bien qu'il soit loin d'atteindre le chiffre officiel de 11 milliards 300 millions, et les autres évaluations plus ou moins exagérées qui ont servi de thème aux dissertations sur les charges et le crédit de la propriété immobilière.

38. On nous demandera sans doute d'expliquer l'énorme différence de notre chiffre avec les 12 milliards et demi de créances inscrites sur les registres hypothécaires au 1er juillet 1840? Rien n'est plus simple : en déduction du chiffre officiel, nous citerons les exemples suivants : 1° Quand il s'agit du remboursement d'une créance de peu d'importance, le débiteur se contente ordinairement d'un simple reçu au bas de la grosse, et attend, pour l'inscription, qu'elle s'éteigne par la péremption décennale. 2° La plupart des condamnations judiciaires ne sont pas suivies de la radiation des inscriptions lors du paiement. 3° Si un prêt a lieu pour acquitter le prix d'un immeuble ou une hypothèque antérieure, le créancier est subrogé dans les inscriptions anciennes, ce qui ne l'empêche pas de requérir une nouvelle inscription en son nom direct. Ces doubles emplois existent très fréquemment dans la pratique. 4° Lorsque l'affectation hypothécaire repose sur des biens situés dans des arrondissements différents, les inscriptions sont requises pour la totalité de la créance dans chaque arrondissement, et cette circonstance qui double, triple, etc., sur les registres hypothécaires, la créance inscrite, se rencontre le plus souvent à l'occasion d'emprunts considérables. 5° Il en est de même lorsqu'une vente d'immeubles, situés sur plusieurs arrondissements, est transcrite dans les divers bureaux de la situation des biens vendus, chaque inscription d'office étant formée pour la totalité du prix. 6° Enfin, en matière de jugements, l'hypothèque étant générale, est inscrite pour toute la créance dans les différents bureaux de la situation des biens du débiteur.

Telles sont les causes qui autorisent les hommes pratiques, sous les yeux desquels elles se renouvellent chaque jour, à considérer comme fictif, pour les deux tiers environ, le chiffre des créances inscrites sur les registres des conservateurs d'hypothèques.

CHAPITRE V.

Examen des principes de révision du régime hypothécaire adoptés par la commission du gouvernement.

————

39. Le régime hypothécaire consacré par le Code civil a été l'objet d'amères critiques. On lui a reproché d'avoir tenu peu de compte des principes de publicité, qui doivent nécessairement, a-t-on dit, présider d'une manière absolue aux transactions sur la propriété ; on s'est plaint de l'incohérence de ses dispositions, des formalités dispendieuses et

lentes introduites pour la suite de l'hypothèque ; de l'obscurité des règles sur le concours des priviléges entre eux, et des hypothèques générales avec les hypothèques spéciales ; enfin on l'a présenté « comme un
« chaos d'éléments hétérogènes, de dispositions inexplicables , d'anti-
« nomies insolubles, ne produisant que tourments pour les interprêtes
« et procès pour les justiciables [1] ; » comme éloignant , par ses défectuosités, les capitaux des prêts sur immeubles, et favorisant l'usure.

Nous nous arrêterons , quant à présent , à ces deux derniers repro-
ches, les autres se rattachant aux principes adoptés par la commission
ministérielle, que nous examinerons plus loin.

40. Le régime hypothécaire éloigne par ses défectuosités les capitaux
des prêts sur immeubles !... Nous ne pouvons mieux répondre à ce point
de la critique qu'en laissant parler ici un des hommes les plus éminents
de notre époque. « Gardons-nous de croire, dit M. Troplong [1], que les
vices du régime hypothécaire empêchent tellement la machine de fonctionner, que le crédit en est frappé au cœur, et que les capitaux fuient
épouvantés les prêts sur immeubles. Je sais que tous les jours on répète que la direction des fonds disponibles s'éloigne d'une manière no-
table des placements hypothécaires, mais cette assertion, quoique sans
cesse admise comme point de départ, est d'une incroyable inexactitude.
Les renseignements que j'ai pris auprès de notaires éclairés ont prouvé
que les capitaux abondent dans leurs études, pour être employés en
prêts sur contrat, tandis que ce sont les emprunteurs qui manquent et
ne se présentent pas. Tout propriétaire qui offre un gage est sûr de ne
pas attendre un instant l'argent dont il a besoin : au contraire, celui
qui veut placer est obligé de patienter longtemps et souvent en vain,
pour trouver quelqu'un qui veuille traiter avec lui, et ce n'est pas seulement aujourd'hui que ce fait existe , il avait lieu même en 1825 , à
cette époque d'agiotage et de folles spéculations. Qu'on ne dise donc
pas que le crédit échappe tout à fait à la propriété, et que les capitaux
ont pour l'hypothèque une invincible répugnance. La vérité est que,
malgré le contre-poids du grand-livre, le sol a encore auprès des dé-

[1] *Thémis*, t. V, p. 228, et t. VI, p. 193.
[1] *Comment. des priviléges et hypothèques*, préf., p. 35.

tenteurs de fonds un large crédit ouvert, un crédit bien supérieur à ses besoins. »

Ces assertions sont d'une vérité incontestable, et que le notariat tout entier pourrait confirmer. Dans les premiers mois d'une révolution qui avait bouleversé tant de fortunes, alors que toutes les opérations de crédit, de finance et de commerce étaient suspendues, c'était encore à la garantie du sol que s'adressaient de préférence les capitaux, trop rares et trop exigeants il est vrai, qu'une crainte exagérée ne retenait point inactifs ; et deux ans après cette révolution, au moment où nous écrivons ces lignes, il est bon nombre de localités où le numéraire a reparu avec une abondance digne de nos meilleures époques financières, et sollicite en vain de l'hypothèque les demandes d'emprunt.

41. Que dire après cela de cette assertion, que le régime hypothécaire favorise l'usure?... Il ne peut exister d'usure avec des capitaux abondants, qui attendent, inactifs, les besoins de la propriété foncière. Si, comme on le répète souvent sans preuves à l'appui, les campagnes sont dévorées par l'usure, elles ne s'imaginent guère que ce fléau ait sa source dans le régime hypothécaire [1], ni que, sous prétexte de les en délivrer, il soit nécessaire d'assujettir les transactions immobilières à des formalités superflues, qui les greveraient d'un impôt annuel de plusieurs millions, comme nous le démontrerons bientôt. Singulière contradiction en effet ! Favorisée par la crainte chimérique des dangers que les vices de la législation hypothécaire feraient courir aux prêts sur immeubles, l'usure dévore la petite propriété, et depuis cinquante années que cette législation est en vigueur, les habitants des campagnes, gens sobres, économes et laborieux, n'ont cessé de se substituer dans leurs villages aux grands propriétaires d'autrefois, d'acheter des immeubles et d'augmenter leurs patrimoines, aux applaudissements de ceux qui considèrent le morcellement modéré de la propriété comme une garantie de bien-être pour le grand nombre, et d'ordre pour le pays ! D'un autre côté, l'usure généralement répandue entraînerait à

---

1 Comme paraît le croire à tort M. Léon Faucher. Disc. pron à l'Assemb. législ. le 9 mars 1850.

Nous ne prétendons point nier que les campagnes, surtout dans le midi de la France, ne soient affligées par l'usure, mais seulement que la cause en est étrangère au régime des hypothèques.

sa suite un grand nombre d'expropriations? Or, en 1841, sur une masse de prix de ventes de près de 1400 millions, sur une moyenne de prêts hypothécaires de plus de 500 millions, et une dette foncière de 4 milliards et demi, les expropriations forcées de toute origine ne sont comprises que pour 35,612,247 fr.

42. Examinons quel est, en moyenne, le taux des intérêts hypothécaires. En général, cet intérêt est de 5 °/₀ [1]. Si, dans des circonstances exceptionnelles, comme sous le décret du gouvernement provisoire qui avait soumis les créances inscrites à un impôt de 1 °/°, le taux de l'intérêt sur hypothèque s'est élevé, cette différence, d'une courte durée, mais illégale toutefois, avait été largement compensée par la décroissance de l'intérêt durant les huit années précédentes. Les faits que nous avons eus sous les yeux nous donnent la conviction réfléchie que, toute compensation faite, la moyenne de l'intérêt hypothécaire, depuis vingt ans, ne s'est pas élevée à 5 °/₀ [2]. Toutefois, nous admettons ce chiffre. Il est vrai qu'il faut y ajouter les frais de l'acte d'emprunt, qui s'élèvent en moyenne à 2 1/2 °/₀; mais ces frais répartis sur cinq années de délai, durée moyenne des emprunts, ne produisent qu'une augmentation de 1/2 °/₀, qui, avec l'intérêt, forme un total annuel de 5 1/2 °/₀.

43. Ainsi, 5 1/2 °/₀, frais compris, telle est la redevance annuelle de la propriété hypothéquée envers le capital qu'elle a reçu. Sans doute, dans les prêts de faible importance, la moyenne des frais est plus élevée [3], mais elle est plus faible dès que le chiffre du prêt s'accroît; nous avons dû prendre une moyenne générale, et négliger une échelle de chiffres sans utilité, pour la manifestation de notre pensée.

44. Mais est-il vrai que l'intérêt annuel de 5 1/2 soit lui-même trop élevé par rapport au revenu de l'immeuble, et qu'il doive conduire infailliblement à l'expropriation? Toutes les fois qu'on a voulu placer le revenu de l'immeuble hypothéqué en comparaison avec l'intérêt de la somme prêtée, on est tombé, par défaut de réflexion ou de pratique,

---

[1] Le taux de 4, 4 1/2, 4 3/4 est l'exception. Doc. rel. au régime hyp. t. III, p. 519.

[2] On doit s'étonner qu'un esprit éclairé et aussi positif que M. Thiers, ait fixé cet intérêt à 6, 7 et 8 °/₀, suivant l'importance des localités.... Rapport déjà cité. *Moniteur*, 27 janvier 1850.

[3] Les frais d'un prêt de 500 fr. varient de 19 à 22 fr quelque soit le délai de remboursement.

dans une erreur grave. On a dit : le fermage d'un bien rural est ordinairement de 2 1/2 à 3 % ; si le propriétaire hypothèque ce bien jusqu'à
concurrence des deux tiers de sa valeur, au taux de 5 1/2, frais compris, les fruits de l'immeuble seront insuffisants pour acquitter les intérêts du prêt, chaque année la dette augmentera, et la date de l'exigibilité du capital sera forcément celle de l'expropriation. Mais ce rai-
sonnement[1] est inexact : d'abord, les emprunts de faible importance,
et en général ceux qui se rattachent exclusivement au sol, sont contrac-
tés par des cultivateurs retirant des héritages ruraux, par leur travail,
un revenu triple d'un fermage ordinaire ; on oublie ensuite de tenir
compte de l'intérêt ou des bénéfices que la somme prêtée fournit elle-
même à l'emprunteur, soit qu'elle serve à éteindre une dette précédente, soit qu'on l'emploie dans des opérations agricoles ou industriel-
les. Mais, ajoute-t-on par hypothèse [2], un capitaliste ayant 50,000 fr.,
achète un immeuble de 100,000 fr., produisant en fermage 2,500 fr. au
taux moyen de 2 1/2 % ; il verse les 50,000 fr. qu'il possède, puis, afin
d'acquitter la seconde moitié du prix, il emprunte 50,000 fr. au taux
de 5 1/2 frais compris ; il ne touchera donc aucun loyer des 50,000 fr.
qu'il aura versés, et de plus il sera obéré chaque année de 250 fr., différence entre le fermage de l'immeuble et les intérêts de l'emprunt ?
Cette réflexion est juste dans ses chiffres mais non dans les exigences
d'une sage administration. Si l'acquéreur cultive par lui-même l'immeuble dont il s'est rendu propriétaire, il retirera des produits de sa terre
un excédant d'intérêt, qui amortira graduellement le capital emprunté ;
si, au contraire, il a simplement voulu convertir son argent en une valeur immobilière, il savait d'avance quels seraient ses engagements, son
revenu, ses charges ; et si au lieu de se borner, en dispensateur habile
de sa fortune, à faire une acquisition en rapport avec le capital qu'il
possédait, il a dépassé sans prudence ses moyens et contracté des emprunts onéreux, est-il juste d'en accuser la législation en vigueur ?

Au surplus, on se tromperait étrangement en prétendant, au moyen
des combinaisons du régime hypothécaire, ramener le taux d'intérêt des
capitaux au revenu des immeubles. Que le numéraire soit abondant ou

[1] Nous le trouvons dans une lettre adressée aux représentants du peuple le 22 mai 1848.
[2] Même lettre.

rare, qu'il s'offre ou se dérobe à la circulation, la différence de son rapport avec le loyer de la terre est à peu près invariable : si l'argent est à bas prix, la valeur des immeubles augmente, et le fermage ne suit pas toujours une impulsion proportionnelle; si au contraire le numéraire est à un prix élevé, les immeubles subissent une dépréciation, et le fermage, relativement accru, présente sur l'intérêt du capital la même disproportion qu'auparavant. Changer ces rapports n'est pas du domaine du régime hypothécaire, mais bien d'institutions de crédit dont nous n'avons à discuter ici ni les conditions ni l'opportunité.

45. Nous arrivons aux réformes que la commission formée au Ministère de la Justice propose de faire subir au régime hypothécaire. Le projet de loi rédigé par cette commission, et soumis en ce moment aux délibérations du Conseil d'Etat, renferme des innovations très-graves, contrefaçon, pour la plupart, de systèmes surannés que le Code civil a eu pour mission de remplacer. Voici les principes qui forment la base de ce projet de loi officiel :

1° Transcription sur le livre hypothécaire de tous les actes qni transfèrent ou démembrent la propriété immobilière.

2° Assujettissement des hypothèques légales à la publicité et à la spécialité.

3° Suppression de l'hypothèque judiciaire.

4° Priviléges dépouillés de leur rétroactivité.

5° Limitation de l'action résolutoire du vendeur.

6° Simplification dans le mode d'inscription.

7° Plus de renouvellement des inscriptions.

8° Plus de concours entre les hypothèques générales et les hypothèques spéciales.

9° Endossement des contrats hypothécaires.

46. C'est le bouleversement complet de la matière des priviléges et hypothèques, telle qu'elle est traitée dans le Code civil. Nous examinerons ces réformes en dehors d'une théorie exclusive qui éblouit, qui trompe, et transporte bien loin du vrai, du possible et du praticable. Pour cela, nous reprendrons dans leur ordre les principes proclamés par la commission de révision.

47. *Transcription sur le livre hypothécaire de tous les actes qui transfèrent ou démembrent la propriété immobilière.*

La transcription obligatoire, pour opérer la transmission de la propriété à l'égard des tiers, n'est ni dans les idées de la masse des propriétaires, ni dans les besoins réels des populations, ni compatible avec le morcellement de la propriété. Qualifiée de désastreuse, et repoussée avec énergie lors de la discussion du Code civil au Conseil d'Etat[1], elle ne se produit aujourd'hui qu'à force d'avoir servi de thème aux écrits des jurisconsultes sur le régime hypothécaire, et d'avoir été préconisée comme le seul moyen efficace d'attirer davantage à ce régime la confiance publique. Loin de faciliter le crédit foncier et d'éviter les causes de stellionat, elle entraverait l'un et augmenterait les autres ; elle deviendrait en outre, pour la petite propriété, un danger que nous signalerons à l'attention du législateur.

Le principal motif des partisans d'une publicité obligatoire en matière de transmission de droits réels, c'est que, sous le régime actuel, l'acquéreur et le prêteur ne sont jamais certains de traiter avec le véritable propriétaire ; que de cet état de choses surgissent des défiances dont le résultat est d'entraver les transactions et le crédit, et qu'il est indispensable de rassurer les capitaux par des garanties plus certaines. La réponse est simple : les craintes des acquéreurs et des prêteurs à cet égard n'existent guère que dans l'imagination des auteurs, et ne se reproduisent jamais dans le cours des ventes et des prêts hypothécaires. Nous en appelons sur ce point au témoignage de tous les notaires. En aucune circonstance ces craintes prétendues n'ont été prises en considération sérieuse, et n'ont occasionné la moindre entrave dans la conclusion des affaires. Et si, de cette confiance absolue, qui démontre avec tant d'évidence la supériorité de la législation actuelle sur celles qui l'ont précédée, il est résulté certains mécomptes isolés et regrettables, ils ont été si rares, qu'il serait puéril de les invoquer en faveur d'une modification aussi grave que celle de la transcription forcée.

Par l'obligation de rendre public le titre de transmission, on croit rendre un véritable service à la propriété et au crédit ; tout bien compté, on fait simplement disparaître des craintes chimériques pour en créer d'autres parfaitement réelles, et on demande à la propriété foncière un impôt annuel de six millions et demi ; car, rap-

[1] Voy. sup. n° 21, à la note.

pelons-le bien , le nombre des contrats de vente non transcrits étant en moyenne de 827,664 par année, le nouvel impôt, calculé d'après le chiffre de 8 fr. par contrat [1], s'éleverait en totalité aux millions que nous venons de poser. Il y a plus : nous ne parlons ici que des contrats de vente, tandis que tous les autres actes qui se rattachent à l'attribution ou au démembrement de la propriété, seraient assujettis à se révéler aussi par la transcription. C'est encore deux ou trois millions à ajouter.

Et par qui seraient supportés tous ces millions ? Par la petite propriété , c'est-à-dire pour les six septièmes au moins, par les immeubles d'une valeur de 1,200 fr. et au-dessous.

D'un autre côté, on ne peut se le dissimuler, aujourd'hui comme sous la loi de l'an VII, lorsqu'il s'agirait d'immeubles de peu d'importance, les parties s'abstiendraient de faire transcrire. Nous avons constaté, sous le chapitre précédent, qu'en l'an X, dans la pleine vigueur de cette législation de l'an VII qui attire aujourd'hui les hommages des publicistes , il n'avait été fait que 542 transcriptions sur 3,400 actes sujets à cette formalité , dans un arrondissement où les immeubles ont une grande valeur ; 2,858 acquéreurs sur 3,400 s'étaient contentés de titres irréguliers, impuissants à les rendre propriétaires. La même résistance se produirait infailliblement sous une législation qui ramènerait les mêmes principes, surtout aujourd'hui que la division multipliée des héritages donne lieu à un plus grand nombre de petits contrats. Sans doute, la mesure que la commission ministérielle propose d'introduire ajouterait à la moyenne des transcriptions, car, par la crainte, elle attirerait au bureau des hypothèques beaucoup de contrats importants, qui, sous la législation actuelle , ne sont pas transcrits ; mais il n'en est pas moins raisonnable de supposer que, sous le principe nouveau , le nombre des transcriptions ne s'élèverait guère qu'à la moitié des actes à transcrire. A l'égard des 700,000 actes environ qui formeraient l'autre moitié, ils ne seraient pas transcrits ; toute illusion doit cesser à cet égard, si l'on s'attache à ce qui s'est passé sous l'empire de la loi de l'an VII, et à ce qui se passe aujourd'hui sous le Code civil, au sujet

[1] Les documents officiels portent ces frais à 12 fr. par contrat (t. III, p. 530), mais ce chiffre est exagéré ; nous le réduisons d'un tiers.

des donations entre vifs d'immeubles. Les braves habitants de nos campagnes, imbus par habitude des principes du Code civil, qui, bien supérieur en cela au droit romain et aux coutumes, a voulu (art. 711) que la propriété fût transmise par le simple consentement, sans le secours des traditions feintes ou réelles, des vest et devest, des saisines et nantissements, ne pourront comprendre qu'une fois le consentement régularisé devant notaire , l'acquéreur ne devient pas, comme auparavant, immédiatement propriétaire, et que son droit , vis-à-vis des tiers , s'ouvrira seulement du jour où il aura rempli une formalité coûteuse ; ils ne le comprendront pas, et leurs 700,000 contrats de vente de 600 fr. et au-dessous ne seront pas transcrits.

Le résultat d'un tel état de choses est facile à prévoir : chaque année, les contrats de vente non suivis de transcription — et ils s'élèveront à la moitié, si ce n'est aux trois quarts du nombre total, — ne rendront pas les acheteurs propriétaires; ils laisseront ceux-ci exposés aux collusions et aux fraudes des vendeurs de mauvaise foi. Les causes de stellionat, si rares aujourd'hui, trouvant un succès assuré dans la négligence des acquéreurs, se multiplieront, et porteront dans les familles les troubles et les procès. Voilà pour la propriété. Quant au crédit, les contrats non transcrits étant alors repoussés par lui, le premier effet de la transcription obligatoire sera d'enlever, d'un seul coup, à la petite propriété, le peu de crédit que les lenteurs et les frais de la procédure en matière d'expropriation forcée ne lui ont pas encore ravi.

On a dit que le principal obstacle de la transcription , sous la loi de l'an VII, était dans l'élévation du droit perçu par le fisc. Nous savons que, sous ce régime, les transcriptions étaient assujetties à un droit de 1 fr. 50 % sur la valeur des immeubles. Cet impôt considérable était sans doute l'une des causes du défaut de transcription ; mais il est à remarquer, qu'à cette époque, la perception de l'enregistrement sur les ventes n'était que de 4 %, soit 5 fr. 50, en y comprenant le droit de transcription, tandis qu'aujourd'hui, d'après le tarif de la loi du 28 avril 1816, le fisc perçoit immédiatement, pour la vente et la transcription , 6 fr. 05 %, indépendamment d'un droit fixe réclamé plus tard au profit de l'Etat sur chaque contrat que le possesseur veut faire transcrire. Au surplus, pour faciliter la transcription , abaissât-on les droits au point de ne percevoir, comme on l'a proposé pour la Bavière-Rhénane [1], que les frais de timbre, nous en combattrions encore le principe de toute l'énergie de notre conviction, parce qu'il n'est l'expression, nous le répétons, ni des vœux ni des besoins de la propriété, et qu'à l'inconvénient de ces montagnes de registres qui embarrassent déjà les conservations d'hypothèques [2], et des erreurs qui résulteraient infailliblement d'une prodigieuse quantité de noms sur les répertoires, il ajouterait la nécessité de créer une foule de fonctionnaires ou de commis, au préjudice du Trésor public et de la prompte expédition des affaires.

La transcription obligatoire, si elle ne présentait aucun avantage, serait du moins à peu près exempte d'inconvénients dans les grandes villes, notamment à Paris, où les contrats de mutation ont toujours pour objet des immeubles importants ; mais, aux difficultés et aux dangers qui en résulteraient pour la propriété rurale, il faut joindre qu'en accordant la transmission non au consentement, mais en quelque sorte à la rapidité de la course, elle détruirait, au préjudice des habitants des campagnes, l'égalité entre les notaires, selon que ceux-ci seraient plus ou moins rapprochés du bureau de la conservation des hypothèques, et faciliterait par cela même les stellionats. Ce côté de la question a une importance très réelle, que les membres de la commission ministérielle, habitués aux affaires des grands centres de population, n'ont pas aperçue.

Notre opinion sur la transcription obligatoire n'est pas seulement celle des hommes pratiques, qui jugent les législations, non d'après la perfection logique de leurs systèmes, mais d'après les services réels qu'elles rendent à la propriété et aux individus, c'est encore l'opinion des jurisconsultes Allemands eux-mêmes, fort bons juges en cette matière, puisque le système préconisé par les adversaires du Code civil est en pleine vigueur dans leur pays. « Le système prussien, dit M. Mitermaïer, ne convient proprement qu'aux grands biens, et pour les petits,

---

[1] Concordance entre les lois hypothécaires étrangères et françaises, textes p. 17... Projet de loi du 24 avril 1834, art. 10. Il ne paraît pas que ce projet ait été converti en loi.

[2] Le nombre des registres de transcription pour l'arrondissement de Compiègne est de 16, année commune ; il s'élèverait à 100 environ, par année, si tous les actes sujets à transcription d'après le projet de loi, y étaient portés.

il ne compense pas les soins, les difficultés et les frais qu'il exige. »
Nous extrayons ces lignes d'un ouvrage publié par l'un des membres
éclairés de la commission ministérielle, qui y joint les réflexions suivantes : « L'adoption de ce principe si absolu (celui de la transcription
« obligatoire) entraînerait trop de dangers. Le morcellement des biens
« qui en France est sans limites, et le partage des successions, engen-
« dreraient, en effet, pour les transcriptions, des obstacles très-grands.
« Aussi, il faut savoir faire la part de tous les inconvénients, et ne pas
« prescrire une règle qui serait la cause des plus déplorables abus. [1]. »
Il y a plus, tant les mœurs et les habitudes doivent être prises en considération sérieuse dans la législation des peuples, le système français
est toujours en vigueur dans les provinces Rhénanes incorporées aux
états d'Allemagne par les traités de 1815. Ces pays ont préféré les lois
qui les régissaient à celles dont les principes sont aujourd'hui proposés
dans le projet de la commission. Et s'il est une nation où le système de
la publicité des contrats pouvait être introduit sans danger par un changement dans la législation, c'est sans contredit l'Angleterre, ce pays de
grands domaines, où le nombre des propriétaires fonciers est si restreint [2]; or, ce système n'a pu y triompher des résistances qu'il avait
soulevées. Voici, sur ce point, ce que nous trouvons dans l'ouvrage cité
plus haut [3] : « Il a été rendu sous Henri VIII, une loi qui ordonnait l'é-
tablissement d'un registre sur lequel devaient être inscrits tous les contrats, afin de leur donner de la publicité; mais ce système a toujours
été impopulaire en Angleterre, et le registre n'a jamais été généralement tenu, quoiqu'il ait existé dans le Yorkshire et le Middlessex, à
l'exclusion toutefois de Londres, dont les citoyens ont obtenu, sur leur
demande, de ne pas y être assujettis. Blackstone fait observer, à ce sujet,
qu'il est douteux de savoir s'il n'y a pas eu plus de procès provenus de

---

[1] Concordance entre les lois hypothécaires étrangères et françaises, introd. p. 24.
Ce qui surprendra, c'est la singulière contradiction de l'auteur, qui, dans le même ouvrage (introd., p. 30), propose comme remède aux vices du régime actuel, de retourner aux
dispositions de la loi de brumaire an VII, sur la nécessité de la transcription.

[2] Le sol anglais est possédé par 252,850 familles, représentant 1,501,500 individus (Malte-
Brun, t. II, p. 509). Le nombre des possesseurs du sol est bien autrement considérable en
France. On l'a évalué à 10,946,219 (Malte-Brun, t. II, p. 346), mais nous croyons que ce
chiffre est au-dessous de la vérité.

[3] Concordance entre les lois hypothécaires étrangères et françaises, textes p. 89.

la négligence ou de l'inattention des parties à faire inscrire leurs actes sur ce registre, qu'il n'y en aurait eu si le registre n'eût pas existé. » M. Troplong[1] nous apprend aussi qu'une proposition pour l'enregistrement des actes de propriété immobilière et pour la publicité des dettes contractées par les propriétaires fonciers, présentée en 1832 à la Chambre des communes d'Angleterre, a été rejetée par 161 voix contre 48.

En résumé, la transcription obligatoire est la combinaison la plus défectueuse qui puisse être proposée pour notre régime hypothécaire. Essayée durant cinq années avant la promulgation du Code civil, ses résultats ont été désastreux. Elle sacrifie sans nécessité, sans avantage, la propriété rurale à la propriété urbaine ; la petite propriété à la grande. Elle place la petite propriété dans l'alternative douloureuse d'être surchargée d'un impôt annuel de plusieurs millions, ou d'avoir à redouter, entre les mains des possesseurs, le discrédit, les stellionats, les fraudes et les procès. Si, contre notre espoir, elle était introduite de nouveau dans nos lois, le législateur, bientôt désabusé par la perturbation profonde qui s'en suivrait dans le mouvement et le crédit de la propriété, s'empresserait de revenir aux principes du Code civil, principes d'une pratique facile, consacrés par le temps, et ingénieusement appropriés à la multiplicité des transactions comme à la division des héritages.

48. *Assujettissement des hypothèques légales à la publicité et à la spécialité.*

La loi du 11 brumaire an VII avait prescrit la publicité de l'hypothèque légale des femmes et des mineurs; mais cette disposition souleva des réclamations générales en faveur des femmes, et l'expérience prouva bientôt que cette classe, formant une moitié de la société, avait été en grande partie dépouillée sans retour de ses biens[2]. Le système de la loi de l'an VII fut donc abandonné lors de la discussion du Code civil au conseil d'État, et il fut décidé que la sûreté de la femme et du mineur devait l'emporter sur toute autre considération[3].

---

[1] *Comment. des privil. et hyp.*, préf., p 9, à la note.
[2] Assertion de M. Bigot de Preameneu, *Conf.*, t. VII, p. 56.
[3] *Conf.*, t. VII, p. 142, voy. sup. n° 21.

On a peint avec une singulière exagération les obstacles dont la clandestinité de l'hypothèque légale était la source pour la transmission et
le crédit de la propriété. La vérité est qu'il n'en est rien. Le crédit ga-
gnerait peut-être à l'abolition complète des hypothèques légales; mais
du moment où l'ordre public et la famille sont intéressés à leur existence, il importe peu qu'elles soient inscrites ou non, pourvu que la
dispense d'inscription ne soit pas étendue des intéressés à leurs cessionnaires, comme la jurisprudence, en désaccord avec la saine pensée
du législateur, l'a décidé sous le Code civil. La notoriété s'attache à
l'existence du mariage et de la tutelle. Il est facile de s'assurer si celui
avec lequel on contracte est marié, s'il est veuf et tuteur légal d'enfants
mineurs; en admettant que la recherche puisse être quelquefois épi-
neuse lorsqu'il s'agit d'une tutelle dative, du moins elle n'offre rien
d'impraticable. Or, une fois le fait du mariage ou de la tutelle établi,
que signifie pour l'acquéreur ou le prêteur la surabondance de l'inscription? S'abstiendra-t-il de purger sa propriété de l'inscription qui la
grevera? Prêtera-t-il avec plus de sécurité sur un immeuble, parce
que l'hypothèque légale, au lieu d'être occulte, aura été mise au grand
jour par une inscription? Si l'inscription est prise, l'acquéreur et le
prêteur n'ont pas une position différente, par rapport à leur sûreté,
que si l'hypothèque était occulte, et si elle n'est pas requise, c'est le
patrimoine de la femme ou du mineur qui est en danger. « Si l'on ne
veut, dit M. Troplong [1], si l'on ne veut une inscription que pour faire
savoir au public que tels ou tels immeubles appartiennent à une femme
mariée ou à un tuteur, il faut avouer qu'on se donne bien du mal et
qu'on met en péril bien des intérêts pour constater un fait qui, le plus
souvent, n'est pas ignoré de ceux qui veulent acheter ou prêter, et qu'au
surplus ils ont toujours moyen de vérifier. »

On objectera que, sous le projet de la Commission, l'hypothèque légale ne serait plus indéterminée ni dans son importance ni dans les biens
qu'elle frapperait; qu'elle se rapporterait à une somme fixe et à des
immeubles spécialement désignés; mais nous répondrons que la loi de
l'an VII, moins défavorable à la femme et au mineur, avait épargné à
leur hypothèque une spécialité aussi rigoureuse, et que cette conces-

Hypoth., préf. p. 47.

sion n'a pu sauver cette loi des réclamations vives et méritées qui ont
été l'une des causes influentes du rejet de la publicité de l'hypothèque
légale lors de la discussion du Code civil. « Au surplus, si l'on n'a pas con-
spiré *à priori* la ruine des femmes et des mineurs, ajoute M. Troplong [1], comment peut-on exiger en présence du contrat de mariage,
tel que le Code civil l'a sagement organisé en France, en présence de
notre système de tutelle, une indication irrévocable du montant des
droits de ces personnes, lorsque ces droits dépendent d'une foule d'é-
ventualités, de l'ouverture imprévue d'une succession, de comptes de
fruits à échoir, de remploi de propres qui seront aliénés, d'indemnités
pour dettes qui seront contractées, etc., etc? » A ces raisons, on doit
ajouter que, dans le système du Code civil, l'hypothèque légale peut
être spécialisée sous certaines formalités protectrices, soit dans le contrat de mariage, soit durant le mariage ou la tutelle.

Non, il n'est point exact que, par la clandestinité de l'hypothèque
légale, le système hypothécaire ait été frappé au cœur, ni que la transmission et le crédit de la propriété soient exposés à d'insurmontables
obstacles. Nous soutenons, convaincus d'exprimer en ceci l'opinion
commune du notariat, que ces difficultés sont beaucoup plus imaginaires que réelles; que les cas où elles entravent les transactions, rares,
exceptionnels, se présenteraient, sans atténuation, sous un régime de
complète publicité, et que la seule réforme digne du progrès en cette
matière, est celle d'une jurisprudence trop favorable aux tiers subro-
gés, et d'une prolongation de la dispense d'inscrire au-delà de l'époque
où cette dispense cesse d'être utile à la société.

Cette opinion, basée sur les faits observés par une longue expérience
du régime hypothécaire, a d'ailleurs sa preuve dans le nombre restreint des purges légales. Il faudrait bien se garder de croire que, par
l'absence des formalités de purge, l'énorme majorité des acquéreurs et
des prêteurs soit exposée à la rançon de l'hypothèque légale occulte;
car, ainsi que l'avance M. Troplong, que nous aimons à citer ici, parce
qu'il énonce une vérité pratique, « jusqu'à présent la jurisprudence n'a
« offert qu'un nombre limité de cas où l'on ait vu des prêteurs pris au
« dépourvu par les hypothèques légales des femmes et des mineurs.

---

[1] *Hypoth.*, préf., p. 17.

« Par l'effort de la pensée, on a pu, jusqu'à un certain point, les mul-
« tiplier, mais la pratique ne réalise pas toutes les possibilités qu'en-
« trevoit la théorie [1]. »

Et ce serait pour quelques cas rares, exceptionnels, dont il est juste
d'attribuer la cause à l'imprudence des acquéreurs ou des prêteurs,
mais qui se produiraient par milliers sous le principe nouveau, au
préjudice, disons mieux, à la ruine des incapables, qu'il faudrait
admettre dans le Code civil la nécessité de l'inscription et de la spécialité de toutes les hypothèques légales! Nous ne le pensons pas.
En vain proposerait-on de mettre en mouvement de nombreux
agents pour acquérir l'inscription. On n'arriverait jamais à un système
rassurant. Fréquemment on se marie sans contrat de mariage. La
tutelle des père et mère se prend sans solennités publiques. Où trouver alors les surveillants qu'on charge de prendre l'inscription? D'ailleurs, quelque vigilants qu'on les suppose, ils ignoreraient le plus souvent la situation des immeubles à inscrire. Le mari et le tuteur cher-
cheraient à les dérober à leur connaissance, et la plus grande partie
du gage immobilier de la femme et du mineur resterait soustraite à
l'hypothèque [2].

Nous nous demandons si la Commission, en élaborant un projet de
loi qui exige du Code civil tant de sacrifices, s'est exactement rendu
compte de l'énorme masse d'inscriptions que la nouvelle législation, si
elle était exécutée, viendrait amonceler chaque année sur les registres
hypothécaires. Le nombre des inscriptions au profit des femmes seulement s'élèverait à 245,000 [3], sans compter celles à prendre sur les
immeubles qui arriveraient successivement au mari ou à la com-
munauté durant le mariage. Quant aux mineurs, nous ne possédons
aucun renseignement certain sur le nombre de tutelles qui s'ou-
vrent annuellement en France, mais il est permis d'en porter le
chiffre à 80,000, y compris les interdictions. Ce serait donc environ
325,000 inscriptions à régulariser chaque année pour la conservation

[1] *Hypoth.*, préf., p. 59.
[2] *Ibid.* p. 58.
[3] On a calculé qu'il est célébré en France, année commune, 244,566 mariages. Malte-
Brun, t. II, p 348.

du patrimoine des incapables, au lieu de 6,799, chiffre officiel de 1841 [1]. Il s'en suivrait que le nombre des inscriptions d'hypothèques légales, si restreint aujourd'hui, égalerait alors celui des inscriptions pour hypothèques conventionnelles, qui a été, en 1841, de 330,000 environ.

Un tel système, qui ajouterait aux charges foncières des frais considérables, dont la plus forte partie retomberait sur la petite propriété, souleverait bientôt des complications insolubles, des difficultés pratiques inextricables, et une perturbation d'autant plus dangereuse, qu'elle tournerait au détriment des personnes que la loi a toujours protégées dans un intérêt social. Nous ne voulons point nier que la publicité ne soit dans l'ordre logique ; mais, sans contester absolument l'utilité de la logique en législation, on peut lui préférer l'avantage de longues habitudes en rapport avec les mœurs du pays, et sous lesquelles le régime hypothécaire fonctionne avec simplicité et sécurité pour tous. Parmi les exemples de l'inanité des réformes lorsqu'elles sont en désaccord avec ces conditions, nous citerons une ordonnance du duc de Brunswick, du 26 mars 1823, rapportant deux ordonnances antérieures qui avaient prescrit la publicité des hypothèques légales. Cette obligation était impopulaire dans ce pays, et, malgré tous les délais de prorogation successivement accordés pour son application, on reconnut l'impossibilité de vaincre la répugnance qui l'avait accueillie. L'ordonnance de 1823 porte, dans son préambule, « que l'inscription de tous les droits hypothécaires « sans exception, offrait de très graves difficultés, et pouvait entraîner « pour beaucoup d'ayant-droit, notamment pour les mineurs, la perte « immméritée et souvent inévitable de droits légitimement acquis [2]. » Nous citerons aussi parmi les jurisconsultes opposés à la formalité de

---

[1] D'après les documents officiels, t. III, p. 532, il a été pris, en 1841, 8,260 inscriptions pour hypothèques légales, savoir :

Femmes mariées.	4,430
Mineurs et interdits.	2,369
Etat, communes, etc.	1,401
	8,200

[2] Concordance entre les lois hyp. étrang. et françaises, p. 116 et 322.

l'inscription des hypothèques légales, un des membres de la Commission ministérielle de révision [1].

On trouvera sous le chapitre suivant, l'indication des améliorations dont le régime hypothécaire paraît susceptible au point de vue des hypothèques légales, et des sûretés diverses qui s'y rattachent.

49. De la suppression de l'hypothèque judiciaire.

Le projet de loi soumis aux délibérations du Conseil d'Etat n'admet que les hypothèques légales et conventionnelles. Il est muet sur l'hypothèque judiciaire, qui se trouve ainsi hors de la législation, et supprimée.

On ne peut disconvenir que les raisons se présentent en foule contre l'hypothèque judiciaire.

Cette hypothèque, constitutive de plein droit d'une affectation générale sur les biens présents et à venir des débiteurs, est une anomalie avec le principe de la spécialité qui est la seconde base du régime hypothécaire.

Elle est en contradiction manifeste avec le principe qui prohibe l'hypothèque sur les biens à venir. Sous ce rapport, elle offre cette singularité curieuse, qu'une hypothèque, volontairement consentie comme condition d'un contrat quelconque, est moins favorisée dans son étendue, qu'une hypothèque non consentie par le débiteur, et qui était même exclue de l'intention des parties lors de la convention.

Elle est un motif de rigueur et d'acharnement dans les poursuites ; car, dans la plupart des cas, les poursuites rigoureuses ont plutôt en vue l'hypothèque judiciaire que le paiement immédiat de la dette. Si cette hypothèque n'était le but que se proposent beaucoup de créanciers, on ne verrait pas se produire si fréquemment, dans les justices de paix et même devant les tribunaux supérieurs, ces condamnations pour des sommes extrêmement minimes (il y en a de 10, 20 et 30 fr. de capital), qui occasionnent des frais ruineux, toujours plus élevés que la créance elle-même ; et c'est souvent pour les dettes les moins sérieuses, les plus contestables, quelquefois les plus entachées de fraude et d'usure, qu'une hypothèque si puissante est prononcée implicitement

---

[1] Concord. ent. les lois hyp. étrang. et françaises, Introd. p. 34, et concordance des lois civiles, introd. p. 28.

par une décision judiciaire [1]. Ajoutons qu'elle donne lieu à un grand nombre de difficultés et de procès, et que, par son action illimitée sur les biens présents et à venir, elle est un appât pour un moyen frauduleux dont on a trop souvent usé, afin de substituer une hypothèque générale à une hypothèque conventionnelle, à l'aide d'une extension abusive de l'article 7 du Code de procédure. Sous ce rapport, la jurisprudence a dû réprimer l'invasion des juges de paix dans le domaine de la juridiction volontaire, mais sa vigilance n'a pu supprimer entièrement les combinaisons de certains créanciers avides, favorisés par une complaisance illégale.

Enfin, l'hypothèque judiciaire constitue souvent une injustice. Sous la règle générale, les biens d'un débiteur sont le gage commun de ses créanciers ; il ne peut exister entre ceux-ci d'autres préférences que celles consenties librement par le débiteur, comme les hypothèques conventionnelles ; inhérentes à la nature de la créance, comme les priviléges ; ou commandées par l'intérêt public, comme les hypothèques légales. Nulle considération, nul motif légitime ne paraissent militer en faveur d'une hypothèque qui, à l'origine du contrat, était contraire à l'intention des parties. Que le créancier, obligé de recourir à des poursuites, demande à la justice la sanction du titre non authentique ou de la convention verbale d'où il prétend faire résulter la dette, cela est conforme aux principes du droit civil ; mais qu'il résulte implicitement de l'acte du Tribunal une hypothèque générale sur les biens présents et à venir de l'obligé, c'est ce qu'il est impossible d'expliquer par aucune raison plausible ; c'est ce qu'il est impossible de ne pas condamner comme contraire à la loi du contrat et comme une injuste aggravation des engagements du débiteur. Il y a plus : si parmi une foule d'hypothèses qu'il serait aisé d'établir, on admet celle-ci : deux créanciers chirographaires, l'un porteur d'un titre authentique et l'autre d'un simple billet, et tous deux exerçant simultanément des poursuites contre un débiteur commun ; il se trouvera que le créancier par billet obtiendra, au moyen d'un jugement de condamnation, une hypothèque générale au préjudice du créancier authentique, qui restera privé de toute garantie. L'injustice d'un tel résultat n'a pas besoin de commentaire,

---

[1] Concordance entre les lois hypothécaires étrangères et françaises, introd., p. 60.

et parle assez haut contre l'hypothèque judiciaire, vestige suranné de l'ancienne législation, qu'un esprit de routine a transporté successivement dans nos divers systèmes hypothécaires.

Quoi qu'il en soit, après ce procès mérité fait à l'hypothèque judiciaire, nous nous refusons à sa suppression complète, telle qu'elle est consacrée implicitement par le projet de loi. Cette suppression nous a préoccupés au point de vue du crédit personnel, si considérable en France, et non moins nécessaire à la prospérité du pays que le crédit foncier. Une réforme dont le résultat favoriserait l'un de ces crédits au préjudice de l'autre, serait regrettable. Or, nous craignons que la suppression proposée n'achève d'ébranler le crédit personnel, à notre époque difficile. Cette appréhension, exagérée peut-être, est fondée par analogie sur l'effet produit par l'abolition de la contrainte par corps en matière commerciale, décrétée à la suite de la révolution de Février. On se rappelle que cette mesure, si généreuse qu'elle fût, ne put résister à l'atteinte qu'en avait ressenti le crédit industriel, et dut être rapportée presque aussitôt par la législature. Au surplus, l'avantage que le crédit territorial pourrait espérer de l'abolition radicale de l'hypothèque judiciaire paraît éloigné, contestable, en opposition avec des habitudes aussi anciennes que la magistrature, et les esprits réfléchis lui préféreront une stabilité qui ajoute au respect des lois et évite la transition toujours difficile d'un système au système contraire.

Cependant, il est un moyen d'offrir une légère satisfaction aux justes réclamations des critiques : c'est de restreindre l'hypothèque judiciaire aux biens présents, ainsi que l'avait fait la loi de l'an VII. Cette modification serait un pas vers un progrès dont l'opportunité se révélera plus tard. Sans nuire dans le présent au crédit personnel ni à l'autorité morale des décisions judiciaires, elle réaliserait un bienfait réel, en écartant des biens à venir du débiteur une généralité envahissante, contraire à tous les principes de la législation.

50. *Priviléges dépouillés de leur rétroactivité. — Limitation de l'action résolutoire du vendeur.*

Le rejet de la transcription obligatoire a fait préjuger notre pensée à l'égard des priviléges dépouillés de leur rétroactivité et de la limitation de l'action résolutoire du vendeur. Nous sommes sur ce double sujet en dissentiment avec la commission de révision.

Dans l'état actuel de la législation, aucun délai n'est assigné au vendeur pour inscrire son privilége. L'inscription rétroagit au jour du contrat, et peut être valablement faite même dans la quinzaine de la transcription d'une aliénation postérieure de l'immeuble. D'un autre côté, outre ce privilége, le vendeur est armé d'un droit de résolution dont l'existence n'est soumise à aucun délai, à aucune formalité, si ce n'est en cas d'expropriation forcée. On a beaucoup critiqué le Code civil sur ce dernier point ; mais ces critiques, justes quand les adjudicataires sur expropriation étaient laissés à la merci de l'action résolutoire du précédent vendeur, n'ont plus de fondement depuis que la loi du 2 juin 1841, modificative du Code de procédure, a dépouillé le droit de résolution de toute autorité après la vente en justice. Aujourd'hui, ni le privilége, ni l'action résolutoire du créancier qui a aliéné l'immeuble ne sont à craindre. On chercherait vainement un motif, sinon utile, du moins exempt d'inconvénients, pour changer les dispositions légales qui les concernent, surtout si la suppression de l'hypothèque judiciaire était admise. En effet, s'agit-il d'une expropriation forcée : l'action résolutoire n'a plus de force après l'adjudication, et le privilége doit, sous peine de déchéance, se révéler par l'inscription avant la vente sur saisie. S'agit-il d'une aliénation volontaire ou d'une constitution d'hypothèque conventionnelle : les titres de propriété, mis à la disposition de l'acquéreur ou du prêteur, lui font connaître les charges résolutoires ou privilégiées dont les biens sont grevés.

L'inscription de toutes ces charges de la propriété est donc inutile de tous points. De plus, elle aurait l'inconvénient regrettable d'occasionner des frais excessifs dans les contrats de peu d'importance, et de faire subir à la petite propriété, comme la transcription obligatoire, quoique dans une mesure moindre, une dépréciation contraire au but des réformateurs.

Nous ne dirons qu'un mot de la prétendue limitation du droit de résolution, telle qu'elle résulte du projet de loi soumis au conseil d'Etat. A nos yeux l'inutilité de cette limitation est prouvée par sa puérilité même. Déclarer en effet, comme la commission ministérielle, que l'action résolutoire ne sera exercée contre les sous-acquéreurs et ne profitera aux cessionnaires que dans le cas d'une stipulation expresse, ce n'est pas changer la législation en vigueur, c'est obliger simple-

7

ment à l'insertion d'une clause qui sera de style dans tous les contrats.

51. *Simplification dans le mode d'inscription.*

Les modifications indiquées, dans le projet de loi, pour simplifier le mode d'inscription des priviléges et hypothèques, sont d'accord avec l'expérience pratique, qui considère le double bordereau comme superflu, et avec la jurisprudence, sur la nullité résultant des vices de forme. A l'avenir, un seul bordereau suffira, et les vices de forme n'entraîneront la nullité qu'autant qu'il en serait résulté un préjudice pour les tiers.

Mais, à côté de ces avantages, le projet de loi prescrit une formalité qui serait à elle seule plus grosse de procès et de nullités que toutes les autres dispositions du Code hypothécaire ; il s'agit de la nécessité d'annexer, à l'acte constitutif de l'hypothèque, un extrait contenant les indications de la matrice cadastrale applicables aux immeubles grevés, et d'inscrire ces indications dans le bordereau. Nous repoussons hautement cette innovation, la plus redoutable qu'on puisse imaginer contre le crédit. Elle détruirait toute confiance dans les contrats hypothécaires, par la crainte d'erreurs dans les extraits de matrices cadastrales, délivrés sans responsabilité par l'autorité municipale ; erreurs bien permises, bien excusables, sur des documents qui en fourmillent. Une section, un numéro mal indiqué ou mal tracé, deviendrait le prétexte de procès désastreux , ou tout au moins d'incidents interminables dans les ordres. Mieux vaudrait, à coup sûr, conserver la législation actuelle , expliquée par une jurisprudence de quarante années. La formalité qu'on propose d'ajouter à celles déjà nombreuses des inscriptions hypothécaires, n'est d'ailleurs sollicitée ni par l'utilité pratique, ni par la clarté des transactions. Si, à son origine, le mode actuel d'inscription a soulevé quelques critiques, elles s'adressaient précisément à l'exubérance des formes. Nous invoquons ici ces critiques contre la formalité dangereuse qu'on propose d'inscrire dans la nouvelle loi sur les hypothèques.

52. *Du renouvellement des inscriptions.*

Le renouvellement décennal des inscriptions a été prescrit par la loi de l'an VII, et plus tard par le Code civil, comme mesure d'ordre, et l'expérience a prouvé la sagesse de cette prévoyance législative. Néanmoins, elle a rencontré des contradicteurs qui se sont efforcés de la transformer en obstacles sérieux pour le crédit. A les en croire, la crainte qu'un oubli de renouvellement en temps utile ne vienne rejeter l'hypothèque à un rang illusoire, est une des causes influentes de l'éloignement des capitaux pour les prêts sur immeubles.

Mais cette argumentation est dénuée de toute vraisemblance. Nous la croyons sans exemple dans la pratique. D'ailleurs, la surveillance du créancier est appelée à se produire à chaque échéance d'intérêt, outre que le délai de dix années pour le remboursement du capital prêté sur hypothèque est très exceptionnel. Sans doute, le renouvellement décennal obligerait les institutions de crédit, réglant le remboursement de leurs avances en longues annuités, à beaucoup de vigilance et à des soins minutieux ; mais cet inconvénient, qui n'offre rien d'insurmontable, a même un côté utile : celui d'attirer l'attention du créancier sur la péremption de l'hypothèque elle-même, que la loi déclare acquise au tiers détenteur dix années après la transcription de son titre. Au surplus, il ne saurait être mis en balance avec les difficultés bien autrement graves qui résulteraient du système contraire au renouvellement. Le but du législateur, en transportant dans le Code civil une mesure qu'il avait vue fonctionner avec fruit sous la loi précédente, a été de décharger successivement, sans procès et sans frais, les répertoires hypothécaires, d'une quantité d'inscriptions libérées, dont la radiation est négligée par les parties, et d'éviter les erreurs qu'une trop grande multiplicité de noms occasionnerait dans les recherches. Utile sous la législation actuelle, cette mesure serait indispensable avec le système de publicité absolue que la commission propose de décréter ; car, sous ce système, 350 mille inscriptions au nom des femmes et des mineurs viendraient, chaque année, s'ajouter à un nombre à peu près double d'inscriptions pour les priviléges et les hypothèques conventionnelles. Qu'on réfléchisse à la confusion inévitable qu'une telle masse de noms produirait sur les tables hypothécaires, aux lenteurs et aux méprises qui en seraient la conséquence, et on comprendra la nécessité où le législateur belge s'est trouvé de revenir à la formalité du renouvellement, après en avoir décrété l'abrogation [1].

[1] Une loi belge du 22 décembre 1828 avait abrogé la formalité du renouvellement, mais cette loi a été rapportée après une expérience de quelques années.

En résumé, la substitution d'un délai de quinze années à celui de dix ans pour le renouvellement des inscriptions offrirait le double avantage d'être utile et exempte d'inconvénients. Quant à la question de renouvellement proprement dite, nous croyons que, sous ce rapport, les dispositions du Code civil sont en harmonie avec les intérêts généraux et les nécessités pratiques d'une bonne organisation administrative.

53. *Sur le concours des hypothèques générales avec les hypothèques spéciales.*

Le principe admis dans le projet de loi soumis au conseil d'Etat, c'est que les hypothèques de toute nature doivent être spéciales. Pour atteindre ce résultat, qui, dans la pensée de la commission, détruit la possibilité du concours entre les hypothèques générales et les hypothèques spéciales, le projet de loi supprime l'hypothèque judiciaire, et assujettit à la spécialité les hypothèques légales. Cependant, il est aisé de voir que cette opinion repose sur une illusion dont il faudrait s'étonner, si la question du concours entre les hypothèques générales et spéciales n'avait si souvent divisé les jurisconsultes. Parce qu'une hypothèque ne s'appellera plus générale, elle n'en aura pas moins le caractère en fait, si, par exemple, elle frappe vingt corps d'immeubles, par rapport à l'hypothèque qui ne portera que sur dix de ces mêmes immeubles. Or, quel sera, dans cette supposition, le mode de collocation des deux hypothèques?

Nous croyons qu'on a beaucoup discuté et qu'on s'est donné beaucoup de mal pour s'écarter des véritables principes sur cette question. Le concours est sans objet lorsque l'hypothèque générale est primée par l'hypothèque spéciale ; dans ce cas, celle-ci est colloquée à son rang sur les immeubles désignés par l'inscription ; la difficulté se présente quand, au contraire, l'hypothèque spéciale étant primée par l'hypothèque générale, celle-ci, en vertu du caractère d'indivisibilité attaché à toute hypothèque, exige son paiement sur les immeubles affectés à l'hypothèque postérieure. On conçoit que, dans cette circonstance, le gage de l'inscription spéciale peut passer tout entier à l'inscription générale, bien qu'il reste, encore libres, d'autres immeubles également affectés à cette dernière inscription ; mais en quoi ce résultat s'écarte-t-il, comme on l'a soutenu, des principes rigoureux du droit et de l'équité? L'hypothèque générale était inscrite ; l'hypothèque spéciale ne pouvait igno-

rer, en s'inscrivant elle-même, qu'elle était primée par un droit antérieur, indivisible de sa nature, et si ce droit vient à s'exercer de préférence sur les immeubles qu'elle a choisis, comment serait-elle fondée à
s'en plaindre? Ne pourrait-on pas, au contraire, accuser son imprévoyance de ce que, connaissant l'hypothèque générale antérieure, elle
n'a pas exigé l'affectation d'immeubles suffisante pour la sûreté des deux
créances?

La loi offre, au surplus, au créancier porteur de l'hypothèque spéciale, le moyen d'éviter l'action de l'hypothèque générale à son préjudice : c'est de rembourser l'hypothèque générale sous la réserve d'une
subrogation, et d'en reporter tout le poids, au moyen d'une main-
levée conditionnelle, sur les immeubles non affectés par la garantie
spéciale.

Mais, hors le cas d'une pareille subrogation, il y a lieu de colloquer
l'hypothèque générale sur les biens qu'elle désigne de préférence, et de
rejeter de l'ordre l'hypothèque spéciale dont cette première collocation
a absorbé le gage. Voilà les véritables principes, les seuls en harmonie
avec l'esprit de la législation hypothécaire. Ils sont simples, d'une application facile et pleine de justice. La jurisprudence, en s'en écartant
sous prétexte d'équité ; en reconnaissant, au créancier porteur de l'hypothèque spéciale dont le gage est absorbé, une subrogation tacite sur
les autres biens atteints par l'hypothèque générale, mais au paiement
de laquelle ils n'ont pas contribué, a rendu obscure une question fort
simple, et encouragé une doctrine d'où il peut résulter, selon les circonstances, une injustice à l'égard des créanciers en ordre postérieur,
et même des créanciers chirographaires.

54. *Endossement des contrats hypothécaires.*

Sans repousser l'endossement des contrats hypothécaires, il est permis de penser que ce moyen de transmission, quoique facilitant la réalisation prompte et à peu de frais d'un capital non échu, mais devenu
nécessaire aux besoins imprévus du créancier, n'exercera aucune influence sur le crédit de la propriété foncière. Il est rare, en matière de
prêt sur immeubles, que le créancier désire avancer le remboursement
du capital. C'est le contraire qui se produit généralement. Dans l'état
actuel de la jurisprudence, l'endossement du contrat hypothécaire est
valable, et cependant ce mode de transmission est à peu près sans

exemple, malgré la latitude très grande dont il jouit sous une législation qui n'exige de lui aucune formalité particulière. Sous ce rapport, l'obligation, prescrite par le projet de la commission, de faire mentionner les endossements successifs en marge de l'inscription pour opérer la saisine de la créance, est une aggravation du système existant.

Mais si la faculté de mettre les contrats hypothécaires en circulation par la voie de l'endossement doit être, comme nous le croyons, sans valeur sur le crédit territorial, en revanche elle renferme beaucoup d'inconvénients que les jurisconsultes et les décisions judiciaires elles-mêmes ont signalés. Cependant nous l'acceptons à titre d'essai, dans les limites tracées par le projet de la commission. Notre désir sincère est de voir notre opinion se modifier sous la démonstration salutaire des faits.

CHAPITRE VI.

Indication des réformes à opérer dans le régime hypothécaire et dans la procédure en matière d'expropriation.

---

55. « Est-il utile, dit la Cour d'appel de Toulouse[1], est-il convenable, sous un point de vue général, de toucher à notre Code hypothécaire ? La nécessité d'une réforme est-elle justifiée ? S'est-elle manifestée par des symptômes certains qui annoncent l'existence du mal et appellent le remède ; l'équité demande-t-elle satisfaction pour quelque grave atteinte ; des intérêts sont-ils alarmés ou compromis par la loi qui nous régit ?

« Il ne faut pas confondre, avec des plaintes provoquées par des souffrances réelles, les critiques que l'esprit de système peut adresser à la législation. L'hypothèque joue un rôle immense dans les relations de la vie civile. Elle se rattache de la manière la plus intime au droit de

---

[1] Docum. relatifs au rég. hyp. considér gén. t. I, p. 92. Les Cours de Bordeaux, de Limoges et Rouen doivent être jointes ici à la Cour de Toulouse.

propriété, et touche, par conséquent, aux bases mêmes des institutions
sociales. Aussi l'imagination, en planant ainsi dans les hautes régions
de la science, ne daigne pas toujours s'occuper du monde des faits,
descendre dans la pratique, et songer aux combinaisons des intérêts
actuels.

« On ne doit point oublier qu'une réforme n'est sage et opportune
que lorsque le besoin en est vivement senti, lorsqu'elle est impérieuse-
ment commandée par l'opinion générale, par des intérêts légitimes qui
demandent protection, ou par des nécessités sociales amenées par le
cours du temps et les progrès de la raison publique Hors de ces conditions, le législateur, pour courir à la recherche de ce qui est mieux,
s'expose à compromettre ce qui est bien, à affaiblir dans l'esprit des
peuples le respect de la loi, à lui enlever ce principe d'immutabilité
qui fait sa force, en tant qu'un tel caractère peut appartenir aux institutions humaines.

« Il y a près d'un demi-siècle que le régime hypothécaire est assis
sur la double base de la publicité et de la spécialité. Maintenant que
l'esprit de la loi a triomphé de la résistance matérielle de son texte; que
les décisions judiciaires ont rectifié de fausses appréciations, expliqué
des antinomies apparentes, comblé des lacunes, et suppléé, par l'empire des principes généraux, à quelques imprévoyances de détail, faut-
il, pour l'avantage toujours incertain d'une amélioration possible, en-
trer dans la carrière périlleuse des innovations? Pour ajuster quelques
pierres à l'édifice, doit-on courir le risque de l'ébranler? Quoi qu'en
disent les détracteurs de notre Code hypothécaire, ses dispositions sont
enchaînées entre elles par les liens d'une parfaite harmonie. En faisant
des changements dans quelques parties, peut-on se promettre de ne
pas nuire à l'ensemble? La solution d'une difficulté qui s'opère par la
loi peut devenir la source de difficultés plus graves, grâce à la subti-
lité des commentaires et aux inspirations si fécondes de l'intérêt privé.

« Ce n'est pas, d'ailleurs, à la législation hypothécaire qu'il faut demander compte des embarras, des lenteurs dont on se plaint, mais bien
aux formalités de procédure imposées aux prêteurs, pour assurer l'effi-
cacité de son gage, et atteindre l'objet final de l'hypothèque, c'est-à-
dire le paiement.

« Les lois en vigueur sur les hypothèques et les priviléges protégent

suffisamment tous les intérêts, répondent à tous les besoins légitimes ;
et, s'il était vrai qu'elles ne fussent pas exemptes de légères défectuosités, on place au-dessus du bienfait de quelques améliorations de détail l'avantage, bien autrement précieux, d'une loi qui s'identifie en
vieillissant avec les mœurs d'un peuple ; on craindrait, en touchant à
des parties secondaires, de troubler l'harmonie de ce bel ensemble que
des nations étrangères nous ont envié, qu'elles ont pu vouloir perfec-
tionner en se l'appropriant, sans que nous ayons lieu d'en être jaloux.
Enfin lorsque, placé au point de vue de la théorie, sous l'influence d'une
pensée philosophique, on juge le mérite d'un législateur, il est facile de
signaler des défauts, de le trouver parfois en désaccord avec des idées de
justice abstraite, ou d'accuser son imprévoyance en se jetant dans le
vaste champ des possibilités et des hypothèses ; mais s'il fallait sur des
ruines élever un autre édifice, substituer à l'œuvre qu'on stigmatise une
œuvre nouvelle, peut-être alors l'esprit le plus téméraire, le théori-
cien le plus hardi reculerait devant cette difficile entreprise.

« 56. Ceux qui provoquent des innovations avec tant d'ardeur, dit la
Cour de Cassation[1], se rendent-ils bien compte des conséquences im-
médiates des changements qui seraient effectués ; ont-ils suffisamment
réfléchi à l'inquiétude générale, à l'ébranlement universel qui résulteraient pour les familles et pour les fortunes du passage d'un état à l'autre ; enfin, sont-ils prêts à proposer les mesures transitoires qui pourraient le faciliter, et devant lesquelles ont reculé, dans un état voisin,
faute d'avoir pu s'entendre, les auteurs d'un projet de réforme analo-
gue à celui qu'on propose de tenter en France. »

57. Les sages réflexions qu'on vient de lire, jointes aux réflexions
puisées dans une longue expérience du régime hypothécaire, ont guidé
nos recherches sur les réformes dont ce régime et les lois sur la procédure peuvent être susceptibles dans l'intérêt particulier de la propriété
et du crédit. Elles nous ont conduit à résoudre, comme on l'a vu dans
le chapitre précédent, dans un sens opposé au projet de loi du gouvernement, les questions principales qui forment la base des améliorations
proposées dans les divers systèmes réformateurs.

58. Selon l'opinion unanime de la chambre, le système hypothécaire,

---

[1] Documents relatifs au rég. hyp. considér. génér. t. I, p. 2.

8

tel qu'il est organisé par le Code civil, sans publicité obligée pour les mutations immobilières ni pour certaines hypothèques légales, loin d'entraver les transactions et le crédit, favorise, au contraire, leur développement progressif, par des formes simples en harmonie avec les principes généraux du droit civil sur la transmission des biens, et appropriées aux nécessités des innombrables parcelles qui se divisent le territoire.

Il faut réduire à leur véritable valeur les injustes attaques dont la législation hypothécaire a été l'objet. Si ces attaques étaient sérieuses, elles devraient faire considérer le régime actuel comme l'ennemi de la propriété, quoique, sous ses principes, le cercle des transactions immobilières ait pris des proportions immenses, inconnues auparavant. Heureusement, cette conclusion nécessaire des critiques est sans danger. Que les lacunes relatives à la dispense de publicité de l'hypothèque légale, alors que l'incapacité du titulaire a cessé, ou que celui-ci a transmis son droit d'hypothèque à un tiers, que ces lacunes soient comblées ; que certaines imperfections de détail disparaissent, et le législateur aura satisfait, dans la mesure d'une sage prévoyance, aux réclamations soulevées contre le système hypothécaire qui nous régit ; la propriété n'aura plus rien à réclamer aux efforts de ce système, ni pour sa transmission, ni pour son crédit.

Les hommes versés dans la pratique des affaires n'ignorent pas que les défiances et les prétendus obstacles, attribués à l'absence d'une publicité obligatoire des contrats et des hypothèques légales, sont purement imaginaires. Si l'on ne veut conserver une déplorable illusion sur ce point, il faut répudier hautement les théories des jurisconsultes. Qu'on s'adresse à tous les notaires, et leurs dix mille voix, confondues en une seule, répondront que la transcription non obligatoire et la clandestinité des hypothèques légales des femmes sont loin d'avoir la funeste influence qu'on leur prête sur le mouvement et le crédit de la propriété foncière.

Le vendeur ou l'emprunteur est-il réellement propriétaire des immeubles qu'il vend ou qu'il hypothèque, et dont il représente les titres? Jamais, dans les transactions, cette question ne préoccupe les contractants les plus intéressés à s'en rendre compte. Nous nous adressons à tous ceux qui ont acheté des immeubles ou prêté des capi-

taux. L'exhibition des titres n'a-t-elle pas toujours répondu complète-
ment aux plus rigoureuses informations sur le simple droit de propriété ? Quand a-t-on vu, même dans les affaires considérables, le droit
de propriété d'un immeuble, appuyé sur des titres réguliers, mis en
doute sous prétexte que cet immeuble a pu être aliéné antérieurement?
Il y a plus, beaucoup de jurisconsultes seraient sans doute très surpris
si nous leur apprenions que les mutations de 600 fr. et au-dessous s'o-
pèrent, en très grand nombre, sans justification de titres, sur la simple
indication que le vendeur a recueilli dans telle succession l'héritage
aliéné.

L'immeuble qu'on veut vendre ou hypothéquer est-il frappé d'hypothèque légale ? Constatons d'abord que cette question est sans objet
par rapport à l'hypothèque légale de la femme du vendeur ou de l'emprunteur ; car celle-ci, par son concours solidaire au contrat, renonce
tacitement à l'exercice de son hypothèque au préjudice de l'acquéreur
ou du créancier envers lequel l'obligation est souscrite. Le côté le plus
vaste, le plus fréquent de la difficulté doit donc être mis à l'écart. S'il
s'agissait d'un droit d'hypothèque appartenant à un mineur où à un interdit, la solution serait aussi difficile sous le régime de publicité qu'on
propose d'introduire, que sous le système du Code civil. En effet, sous
la législation actuelle, en matière d'aliénation d'immeubles grevés d'un
droit d'hypothèque semblable, deux moyens sont offerts pour les affranchir : la purge ou la restriction de l'hypothèque selon les formes
prescrites. Avec la législation nouvelle, une procédure en purgement
deviendrait nécessaire pour le dégrèvement de l'immeuble frappé de
l'inscription du mineur ou de l'interdit; et s'il s'agissait d'un fonds non
grevé, il aurait fallu une délibération de famille pour l'affranchir,
comme il suffirait, dans le système que nous proposons de maintenir,
d'une pareille délibération pour restreindre l'hypothèque sur d'autres
biens suffisants.

Il n'y a donc, dans le système de publicité sans limites qu'on propose
de consacrer, ni utilité, ni satisfaction de besoins ou de vœux réels, ni
économie. En revanche, on y trouve partout danger pour la petite propriété, sacrifice des droits des femmes et des mineurs, formalités multipliées et frais dispendieux.

On a signalé la facilité des stellionats sous le régime actuel, mais on a oublié d'en énumérer les exemples. Où sont ces stellionats si nombreux ? ces acquéreurs éconduits par une aliénation précédente ? ces créanciers frustrés d'une garantie qu'ils croyaient certaine ? La fraude, d'ailleurs, serait-elle moins facile sous la législation nouvelle? Nous pourrions établir une foule d'hypothèses qui permettent d'en douter.

Cessons donc de demander au régime hypothécaire, tel que le Code civil l'a constitué, des résultats qu'aucun autre système, avec des formalités plus coûteuses, plus compliquées, ne produirait pas dans des proportions moins restreintes sur notre sol morcelé.

Les vices du crédit territorial ne sont point dans le Code civil.

Ils sont dans l'absence d'institutions de crédit indispensables aux époques de crise.

Ils sont encore, à un plus haut degré, dans le Code de procédure civile. C'est dans ce Code qu'il faut reconnaître et détruire les inconvénients qui s'opposent au développement complet du crédit foncier. Les formes compliquées, lentes et ruineuses de la procédure en matière de partages, de licitations, de ventes sur bénéfice d'inventaire, et surtout d'expropriation et d'ordre judiciaire, seront toujours, pour la transmission des immeubles et pour le crédit, une barrière infranchissable, en dépit de toutes les réformes qu'il plaira au législateur d'introduire dans le Code hypothécaire. Sous ce rapport la loi du 2 juin 1841, votée sous l'influence d'amours-propres et d'intérêts exclusifs, n'a pas remédié aux abus qui avaient attiré à l'ancien Code de procédure une réprobation générale et méritée.

Tant que, sous prétexte de veiller aux intérêts des incapables de contracter dans les successions où ils sont intéressés, les formalités judiciaires de partage ou licitation menaceront d'absorber une grande partie, sinon la totalité du patrimoine laissé par le défunt, les indivisions entre cohéritiers seront prolongées ; les partages seront provisionnels, et la propriété n'étant qu'à l'état précaire entre les mains des possesseurs, restera en dehors de la transmission et de l'hypothèque.

Tant que le capitaliste, pour assurer hypothécairement la somme prêtée, devra calculer que sa créance est primée par des frais privilégiés d'expropriation et d'ordre, s'élevant en moyenne à 1,500 fr. au moins, il ne fera aucune avance à la petite propriété.

Tant que l'expropriation et l'ordre menaceront de durer 2, 4 et 6 ans, selon les exemples les plus nombreux, le capitaliste aura à redouter les avances considérables à la grande propriété.

Car dans ces différentes conjonctures, s'il y a lieu à partage ou licitation judiciaire des biens hypothéqués; si les ventes de ces biens sont divisées, et si plusieurs inscriptions suivent la sienne, le prêteur, même inscrit en première ligne, est exposé à la perte de sa créance; et si une expropriation devient nécessaire, il court le risque de ne recevoir ni intérêts ni capital durant plusieurs années.

Interrogez le petit propriétaire des campagnes, il vous apprendra que, dans ses besoins de crédit, son modeste patrimoine ne lui a été d'aucun secours. Le prêt hypothécaire, qu'il a sollicité en vain, s'est détourné par crainte de voir le gage passer tout entier aux frais d'expropriation judiciaire.

Consultez le capitaliste, et il vous apprendra que le principal obstacle d'une direction plus abondante du numéraire vers le crédit foncier a sa source dans les lenteurs et les frais des ordres en justice. On se ferait difficilement une idée exacte de la réprobation animée dont cet état de choses est chaque jour l'objet.

C'est là que se trouve la véritable plaie du crédit foncier.

Il faut restituer à la petite et à la grande propriété le moyen pacifique, abrégé et peu dispendieux d'expropriation que le notariat avait introduit dans leur intérêt, mais qu'une disposition inintelligente de la loi du 2 juin 1841 est venue proscrire. Nous voulons parler de la clause connue sous le nom de *voie parée*, clause par laquelle le créancier était investi par le débiteur du pouvoir irrévocable de vendre les immeubles hypothéqués, sous certaines formalités, faute de paiement.

Ce qu'il faut encore, c'est une disposition de loi impérative, destinée à stimuler l'énergie des juges-commissaires pour la prompte clôture des ordres, et à vaincre à cet égard toutes les résistances.

Avec la disposition légale que nous sollicitons, les ordres dureront ce qu'ils doivent durer : le temps rigoureusement nécessaire pour leur confection. Les capitaux importants n'hésiteront plus à s'offrir à la grande propriété; ils seront assurés d'une réalisation prompte en cas de poursuites.

Avec la clause de voie parée, le crédit ravi à la petite propriété par la loi de 1841 lui sera rendu. Il faut se bien pénétrer des avantages de cette clause sur l'expropriation ordinaire. L'expropriation en justice frappe le débiteur d'un discrédit moral aux yeux de ses concitoyens. Les immeubles saisis sont vendus à vil prix à la barre d'un tribunal éloigné de leur situation, sur un cahier de charges mal compris, à des enchérisseurs que l'obligation de se servir d'intermédiaires, et la difficulté de connaître à l'avance le chiffre des frais postérieurs à la vente, rend toujours hésitants. « Il n'y a pas, a dit un magistrat éminent [1], il n'y a « pas de plus mauvaises ventes que celles qui se font d'autorité de jus- « tice ; la vilité du prix n'est que trop ordinaire dans ces sortes de con- « trats. » Aussi, ces expropriations donnent-elles lieu à un grand nombre de surenchères [2], dont les frais viennent s'ajouter à ceux de la vente elle-même. L'expropriation par la clause de voie parée, au con- traire, conserve aux yeux du public le caractère volontaire attaché aux actes notariés. Ses frais préliminaires sont minimes (50 à 60 francs à peu près). Faite dans la commune de la situation des immeubles, au centre d'enchérisseurs en rapport direct avec l'officier public qui procède, et duquel ils obtiennent des renseignements utiles, des fa- cilités et des délais appropriés à leurs ressources, la vente est en- tourée de tous les éléments propres à porter les biens à leur véritable valeur.

Pourquoi cette clause, dont l'usage commençait à se généraliser, et qui était appelée à rendre de si importants services au crédit de la petite propriété, pourquoi cette clause dont la légalité avait été re- connue par les arrêts de la Cour de Cassation [3] et que le Code d'une na- tion voisine s'était empressé d'adopter [4], a-t-elle été proscrite par la loi du 2 juin 1841? Toute explication rétrospective sur ce sujet serait su- perflue. Il suffit de constater que ce ne fut point faute de défenseurs pleins d'autorité, de lumières et de talents. Nous renvoyons à ce sujet à

---

[1] M. Troplong, *Commentaire de la vente*, t. II, p. 425.

[2] Sur 77 ventes faites à la barre du tribunal de Compiègne de 1845 à 1848, il a été formé 21 surenchères, tandis que sur 8,799 ventes amiables reçues par les notaires du même ar- rondissement, et 69 ventes judiciaires renvoyées devant eux par le Tribunal durant le même temps, il n'a été formé que 2 surenchères.

[3] Ces arrêts sont nombreux, v. Sirey, nouv. coll., t. I, p. 385, quatre arrêts précédés du réquisitoire de M. le procureur général Dupin.

[4] Code civil hollandais, art. 1223.

la discussion soulevée au sein de la Chambre des députés [1] ; on y re-
trouvera, avec les considérations élevées qui furent présentées pour soutenir la clause de voie parée, les arguments employés à la faire rejeter,
qni réussirent après une épreuve douteuse, et anéantirent dans leur
triomphe le crédit de tant de milliers de cotes foncières. Nous crain-
drions d'affaiblir, par une analyse rapide, cette discussion si intéressante,
et nous savons trop ce que notre opinion peut y gagner pour ne pas en-
gager les jurisconsultes à y recourir et à la méditer.

Le projet de loi de la Commission ministérielle renferme plusieurs
innovations qui, simples en apparence, méritent cependant une attention particulière ; nous voulons parler de la transcription obligée des
baux excédant dix-huit ans de durée, ou portant quittance de trois années d'avance du fermage ; de l'inefficacité de l'inscription, si elle est
prise postérieurement à la transcription du contrat ; de la fixation du
rang des inscriptions, non par jour, comme sous le régime actuel, mais
par heure, par minute, dans l'ordre du dépôt des pièces ; enfin de l'établissement d'une conservation des hypothèques par canton. Sous le nom
de réformes, ces changements à des règles qui n'ont rien d'arbitraire,
qui n'ont pas soulevé la plus légère critique, peuvent compromettre la
facilité des transactions et la sûreté du crédit.

A quoi bon la transcription d'un bail? Si c'est en vue de le rendre
public pour les transmissions à intervenir de l'immeuble affermé, nous
avons déjà répondu en repoussant le principe de la transcription obligatoire ; nous ajouterons seulement que le contrat de bail donnant lieu à
un changement de personne dans la possession de l'immeuble, se révèle
publiquement de lui-même, et n'est jamais ignoré de celui qui achète.
Si c'est dans l'intérêt des créanciers hypothécaires, la publicité est sans
objet ; il est vrai que la valeur vénale de l'immeuble subit une dépréciation inévitable sous les baux à long terme ou acquittés à l'avance
d'une forte partie de leur fermage, mais le bail antérieur à l'hypothèque est connu du créancier comme il le serait de l'acheteur ; et s'il

---

[1] Voy. *Moniteur* du 17 janvier 1841. — MM. Dupin, Dufaure, Garnon, Corne, Chera-
gay, Lherbette, défendirent la clause de voie parée contre MM. Persil, Renouard, Debel-
leyme et Teste.

Nous renvoyons aussi au savant réquisitoire prononcé devant la Cour de cassation par M. le
procureur gén. Dupin (Sirey, nouv. coll., 1840, t. I, p. 386).

est postérieur, la transcription ne remédie à aucun inconvénient, car il importe peu au créancier que le bail soit on non transcrit, si, en définitive, il peut lui être opposé. Nous aurions compris, en matière de paiement anticipé de plusieurs années de fermage, l'obligation de faire inscrire le bail pour valoir contre les droits hypothécaires postérieurs; mais la transcription n'est ici fondée, ni en principe, ni comme amélioration utile.

La disposition qui ne permettrait plus l'inscription utile, une fois la transcription d'un contrat opérée, serait trop rigoureuse. Elle faciliterait la fraude par laquelle un débiteur de mauvaise foi se proposerait, au moyen d'une vente précipitée de l'immeuble, d'anéantir une hypothèque antérieure. Nous proposons seulement de réduire à dix jours le délai de quinzaine, accordé par l'art. 834 du Code de procédure pour s'inscrire, aux créanciers antérieurs à l'aliénation.

La dérogation au régime actuel sur le rang des inscriptions prises un même jour, en accordant, comme la transcription forcée, la priorité au prix de la course, établirait une inégalité choquante entre les actes passés au siége même de la conservation des hypothèques, et ceux reçus dans les villages éloignés du bureau du conservateur. Cette innovation serait d'ailleurs sans prétexte, et sans avantage pour le crédit.

A l'égard de l'établissement des bureaux d'hypothèques par canton, la commission, en proposant une telle mesure, a oublié que, dans la plupart des cas, les biens hypothéqués par un débiteur sont situés sur des cantons différents. Il faudrait donc, le plus souvent, recourir à plusieurs conservations cantonnales pour connaître le bilan hypothécaire du débiteur; il faudrait multiplier les inscriptions, les états, les démarches, et par conséquent les frais. Ces considérations suffiraient pour repousser le changement de circonscription proposé, s'il n'était rendu à peu près impraticable par les difficultés transitoires [1].

Nous arrivons aux réformes que nous croyons utile d'inscrire dans la législation hypothécaire. Ces réformes ne touchent point, comme celles que nous avons combattues sous le chapitre précédent, aux bases mêmes

1 Au moment de mettre ce passage sous presse, nous trouvons dans le *Journal du Notariat*, n° du 10 avril 1850, des considérations qui s'accordent parfaitement avec l'opinion que nous venons d'exprimer.

du système. Nous nous bornerons à les indiquer en les divisant dans des paragraphes distincts. Leur développement se trouvera dans les textes que nous formulerons sous le chapitre suivant.

59. § 1er. Nécessité d'une reconnaissance en justice, ou d'un dépôt de l'écrit sous seing-privé, par acte public devant notaire, pour opérer la transmission ou l'attribution de la propriété à l'égard des tiers.

La nécessité d'un acte authentique pour la transmission ou le démembrement de la propriété est imposée dans toutes les lois allemandes [1], et par plusieurs législations auxquelles le Code civil français a servi de modèle [2]; elle était prescrite par la loi du 9 messidor an III (art. 102), et elle est inscrite dans la nouvelle loi sur les hypothèques, soumise en ce moment aux délibérations des Chambres belges [3]. La consécration de ce principe dans le Code civil, en effaçant certaines anomalies, aurait pour résultat la conservation éminemment utile des écrits privés emportant mutation de la propriété immobilière, et leur régularisation au moyen des actes authentiques de dépôt ; ce qui détruirait en germe une foule de procès auxquels donnent lieu les vices de rédaction et l'irrégularité de ces écrits ; enfin une plus grande facilité dans la perception des droits du Trésor public.

§ 2. Obligation de transcrire, par extrait, tout contrat de mariage portant stipulation du régime dotal, au bureau des hypothèques dans le ressort duquel le mariage a été célébré.

Cette disposition paraît mieux répondre au besoin de publicité du contrat dotal, que l'obligation d'inscrire la déclaration des époux à cet égard dans l'acte de mariage.

---

[1] Codes Autrichien, art. 1053, Prussien, vente, art. 1er et 6, etc., etc.

[2] Code sarde, art. 1412 et 1589. Ce Code étend l'obligation à la promesse de vente, et dispose, en outre, que les quittances doivent être authentiques toutes les fois qu'il s'agit d'une créance reconnue par acte public, à l'exception des loyers et autres annuités (art. 1412). Voy. aussi Code du canton de Vaud, art. 766 et 996.

[3] Le rapport sur le projet de loi relatif à la réforme hypothécaire, en Belgique, a été déposé le 15 mars 1850.

§ 3. Obligation de passer le mandat en la forme authentique, s'il s'agit d'aliéner ou d'hypothéquer.

§ 4. Rédaction plus complète et plus claire de l'art. 2103.
— Privilége accordé entre échangistes, — et au donateur. —
Suppression du privilége des architectes. — Suppression de
l'extension de certains priviléges (art. 2101) sur les immeubles à défaut de mobilier.

§ 5. Obligation pour le cessionnaire d'un droit d'hypothèque légale, de rendre la cession publique pour être saisi à
l'égard des tiers.

§ 6. L'hypothèque judiciaire restreinte aux biens présents [1].

§ 7. Prohibition absolue de l'hypothèque conventionnelle
sur les biens à venir.

§ 8. Fixation au jour de l'inscription, sans égard aux dates des versements, de l'hypothèque consentie pour sûreté
d'un crédit ouvert.

Cette dernière disposition aura pour effet de résoudre un point con-
troversé en jurisprudence, et de rendre pratique l'ouverture de crédit
hypothécaire.

§ 9. Attribution aux créanciers inscrits des indemnités
dues par les compagnies d'assurance, en cas d'incendie de
bâtiments hypothéqués.

§ 10. Modification de l'art. 2040 en accordant aux époux
mineurs, comme aux époux majeurs, la faculté de limiter
l'hypothèque légale de la femme par le contrat de mariage.

§ 11. Simplification des formalités pour la réduction et la
spécialité des hypothèques légales.

[1] Voy. sup. no 49.

§ 12. Obligation d'inscrire les hypothèques légales dans le délai de six mois :

Pour la femme après la dissolution du mariage.

Pour le mineur après son âge de majorité ou son décès.

Et pour l'interdit après la cessation de l'interdiction.

§ 13. Simplification des formes de l'inscription.

§ 14. Substitution du délai de quinze ans à celui de dix années pour le renouvellement des inscriptions.

§ 15. Suppression du délaissement par le tiers détenteur.

§ 16. Réduction à dix jours, du délai de quinzaine accordé par les art. 834 et 835 du Code de procédure, pour prendre inscription après la transcription du contrat.

§ 17. Réduction à trente jours, du délai de quarante jours accordé pour surenchérir, et suppression de l'obligation de fournir caution.

L'obligation de fournir caution est une entrave au droit des créanciers inscrits. Elle n'est applicable qu'aux aliénations volontaires, sur lesquelles les créanciers inscrits seuls ont le droit de surenchérir. A l'égard des ventes sur expropriation forcée, faites à la barre des tribunaux, toute personne peut surenchérir sans cautionner. Cette différence n'est justifiée par aucun principe.

§ 18. Simplification des formes de purge légale.

Le dépôt de la copie collationnée au greffe est remplacée par un extrait qui doit rester affiché pendant trente jours dans l'auditoire du tribunal.

La notification au procureur de la République est supprimée, l'inutilité en étant généralement reconnue.

Le délai de deux mois accordé à la femme pour prendre inscription est restreint à trente jours.

§ 19. La radiation sera opérée sur le dépôt d'un simple

extrait, aussi bien que d'une expédition de l'acte de main-levée ou du jugement.

Le projet de loi (art. 2192) prescrit en outre le dépôt du brevet ou de l'expédition de la procuration, dans le cas où la radiation aurait été consentie par un mandataire ; mais la commission a oublié que, d'après la loi du 25 ventose an XI, les procurations restent jointes à la minute de l'acte ; les expéditions et extraits de l'acte comprennent, dans ce cas, l'extrait, sur chaque procuration, des pouvoirs se rapportant à l'objet de l'acte.

§ 20. Droit pour tout requérant de se faire délivrer non seulement copie des actes transcrits sur les registres hypo-thécaires, mais encore extrait de ces actes et certificats, at-testant, soit le fait de la transcription, soit que la transcrip-tion n'a point eu lieu.

§ 21. Simplification des formes et abréviations des délais pour la poursuite de saisie immobilière et de l'ordre.

Les réformes spécifiées au commencement de ce chapitre ne sont pas les seules que nous voudrions voir admises dans la législation des ex-propriations forcées. On n'atteindra, en cette matière, un résultat con-forme à l'intérêt général et au crédit de la propriété, qu'en décidant, en principe, que les ventes sur expropriation devront être faites devant notaire, au lieu même de la situation des immeubles, et qu'on déléguera à ces officiers publics la confection des ordres, qui, sous la législation actuelle, sommeillent dans les greffes ; le sentiment public applaudi-rait à ces attributions notariales, qui délivreraient créanciers et débi-teurs de lentes et coûteuses procédures ; mais cette réforme radicale a besoin d'être combinée avec celles à introduire dans les dispositions concernant les ventes des biens de mineurs, les licitations, le bénéfice d'inventaire, etc. Nous sollicitons de l'initiative des pouvoirs publics un projet d'ensemble qui embrasserait toutes ces questions.

60. Telles sont les réformes que nous croyons utile d'introduire d'ur-gence dans la législation des hypothèques et dans la procédure en ma-

tière d'expropriation forcée. A ceux qui reprocheraient à ces innovations une timidité trop grande, notre réponse sera simple : trop souvent les réformateurs, imbus de l'esprit de système, s'occupent de la
théorie, sans songer au possible, au praticable. Nous refusons de les
suivre dans cette voie, où la transmission des immeubles serait en-
travée par l'exubérance des formalités et les exigences du Trésor, où
le crédit de la petite propriété, déjà si restreint, risquerait de s'en-
gloutir. Nous préférons le régime actuel, expliqué par une jurisprudence d'un demi siècle et sagement amélioré dans ses parties défec-
tueuses, à un surcroît de publicité qui n'est ni dans les vœux de la
propriété, ni dans les conditions propres à procurer au crédit foncier
une favorable impulsion ; car c'est de la simplicité des formes et de
l'économie des frais que cette impulsion doit surgir.

CHAPITRE VII.

Modifications de textes dans le Code civil et le Code de procédure, par suite des réformes proposées sous le chapitre précédent [1].

MODIFICATIONS AU CODE CIVIL.

TITRE 1er (chap. 6).

De l'action en partage et de sa forme.

819. Si tous les héritiers sont présents et majeurs , l'apposition des scellés sur les effets de la succession n'est pas nécessaire, et le partage peut être fait dans la forme et par tel acte que les parties intéressées jugent convenables, « sauf l'effet des dispositions du deuxième alinéa de l'art. 1328. »

Si tous les héritiers ne sont pas présents, etc. (Le surplus comme en l'art. 819).

TITRE 3 (chap. 6).

De l'acte sous seing-privé.

1328. Les actes sous seing-privé n'ont de date contre les tiers que du jour où ils ont été enregistrés, du jour de la mort de celui ou de l'un de ceux qui les ont souscrits, ou du jour où leur substance est constatée dans des actes dressés par des officiers publics, tels que procès-verbaux de scellé ou d'inventaire.

« En outre, les actes sous seing-privé, translatifs ou attributifs de biens ou

---

1 Les passages guillemetés indiquent les changements proposés dans ce travail sur la législation existante.

droits immobiliers, quand même ils se trouveraient dans l'un des cas qui viennent d'être spécifiés, n'auront date et effet contre les tiers que du jour de leur reconnaissance en justice, ou de leur dépôt par acte public devant notaire. »

TITRE 5 (chap. 1er).

Du contrat de mariage et des droits respectifs des époux.

1397. Tous changements et contre-lettres, même revêtus des formes prescrites par l'article précédent, seront sans effet à l'égard des tiers, s'ils n'ont été rédigés à la suite de la minute du contrat de mariage, et le notaire ne pourra, à peine des dommages et intérêts des parties, et sous plus grande peine s'il y a lieu, délivrer ni grosses ni expéditions du contrat de mariage sans transcrire à la suite le changement ou la contre-lettre.

« Tout contrat de mariage portant stipulation du régime dotal sera, dans le mois de sa date, transcrit par extrait au bureau des hypothèques dans le ressort duquel la célébration civile du mariage devra avoir lieu, d'après la déclaration que les parties seront tenues de faire à cet égard, et dont il sera fait mention au contrat.

« A défaut de transcription dans le délai prescrit, le contrat de mariage ne pourra être opposé aux tiers qui, antérieurement à la transcription, auraient contracté avec la femme mariée sous le régime dotal, contrairement aux dispositions et prohibitions dotales du contrat, sauf, dans ce cas, le recours de la femme contre son mari.

« La transcription sera faite à la diligence du notaire qui aura reçu les conventions matrimoniales, à peine de 100 fr. d'amende et de dommages-intérêts s'il y a lieu. »

TITRE 6 (chap. 1er).

De la vente.

1582. La vente est une convention par laquelle l'un s'oblige à livrer une chose, et l'autre à la payer.

Elle peut être faite par acte authentique ou sous seing-privé, « sauf, dans le dernier cas, l'effet des dispositions du deuxième alinéa de l'art. 1328. »

TITRE 13 (chap. 1er).

Du mandat.

1988. Le mandat conçu en termes généraux n'embrasse que les actes d'administration.

S'il s'agit d'aliéner ou hypothéquer, ou de quelque autre acte de propriété , le mandat doit être exprès « et passé en la forme authentique. »

TITRE XVIII.

DES PRIVILÉGES ET HYPOTHÈQUES.

CHAPITRE Ier.

Dispositions générales.

2092 (C. c. 2092). Quiconque s'est obligé personnellement est tenu de remplir son engagement sur tous ses biens mobiliers et immobiliers présents et à venir.

2093 (C. c. 2093). Les biens du débiteur sont le gage commun de ses créanciers, et le prix s'en distribue entre eux par contribution, à moins qu'il n'y ait entre les créanciers des causes légitimes de préférence.

2094 (C. c. 2094). Les causes légitimes de préférence sont les priviléges et hypothèques.

CHAPITRE II.

Des priviléges.

2095 (C. c. 2095). Le privilége est un droit que la qualité de la créance donne à un créancier d'être préféré aux autres créanciers, même hypothécaires.

2096 (C. c. 2096). Entre les créanciers privilégiés, la préférence se règle par les différentes qualités des priviléges.

2097 (C. c. 2097). Les créanciers privilégiés qui sont dans le même rang sont payés par concurrence.

2098 (C. c. 2098). Le privilége à raison des droits du Trésor public et l'ordre dans lequel il s'exerce sont réglés par les lois qui les concernent.

« Néanmoins, le Trésor public ne peut obtenir de privilége que sur les biens meubles. »

2099 (C. c. 2099) Les priviléges peuvent être sur les meubles ou sur les immeubles.

SECTION 1re.

Des priviléges sur les meubles.

2100 (C. c. 2100). Les priviléges sont ou généraux, ou particuliers sur certains meubles.

§ 1er. Des priviléges généraux sur les meubles.

2101 (C. c. 2101). Les créances privilégiées sur la généralité des meubles sont celles ci-après exprimées, et s'exercent dans l'ordre suivant :

1° Les frais de justice ;

2° Les frais funéraires ;

3° Les frais quelconques de la dernière maladie, concurremment entre ceux à qui ils sont dûs ;

4° Les salaires des gens de service pour l'année échue, et ce qui est dû sur l'année courante ;

5° Les fournitures de subsistances faites au débiteur et à sa famille, savoir, pendant les six derniers mois, par les marchands en détail, tels que boulangers ' bouchers et autres, et pendant la dernière année, par les maîtres de pension et marchands en gros.

§ 2. — *Des priviléges sur certains meubles.*

2102 (C. c. 2102). Les créances privilégiées sur certains meubles, sont :

1° La créance sur gage dont le créancier est saisi :

2° Les frais faits pour la conservation de la chose ;

3° [1] Le prix d'effets mobiliers non payés, s'ils sont encore en la possession du débiteur, soit qu'il ait acheté à terme ou sans terme.

Si la vente a été faite sans terme, le vendeur peut même revendiquer ces effets tant qu'ils sont en la possession de l'acheteur, et en empêcher la revente, pourvu que la revendication soit faite dans la huitaine de la livraison, et que les effets se trouvent dans le même état dans lequel cette livraison a été faite.

Le privilége du vendeur ne s'exerce toutefois qu'après celui du propriétaire de la maison ou de la ferme, à moins qu'il ne soit prouvé que le propriétaire avait connaissance que les meubles et autres objets garnissant sa maison ou sa ferme n'appartenaient pas au locataire.

Il n'est rien innové aux lois et usages du commerce sur la revendication.

« Le titulaire d'un office sujet à cautionnement, qui a présenté et fait agréer un successeur, n'a de privilége pour le prix à lui dû qu'à la condition de rendre public son titre dans le mois de l'installation du nouveau titulaire à la chambre de discipline, ou, à défaut de chambre de discipline, au greffe du tribunal. »

4° Les loyers et fermages des immeubles sur les fruits de la récolte de l'année et sur le prix de tout ce qui garnit la maison louée ou la ferme, et de tout ce qui sert à l'exploitation de la ferme, etc. (Le surplus comme n° 1er de l'art. 2102 C. c.)

5° Les fournitures d'un aubergiste sur les effets du voyageur qui ont été transportés dans son auberge.

---

1 Ce n° forme le n° 4 de l'art. 2102 du C. c. ; le privilége du locateur, porté en cet article sous le n° 1 est reporté au n° 4.

6° Les frais de voiture et les dépenses accessoires, sur la chose voiturée.

7° Les créances résultant d'abus et prévarications commis par les fonctionnaires et officiers publics dans l'exercice de leurs fonctions, sur les fonds de leur cautionnement et sur les intérêts qui en peuvent être dûs.

SECTION II.

Des privilèges sur les immeubles.

2103 (C. c. 2103). Les créanciers privilégiés sur les immeubles sont :

1° Le vendeur sur l'immeuble vendu, pour le paiement du prix ; s'il y a plusieurs ventes successives dont le prix soit dû en tout ou en partie, le premier vendeur est préféré au second, le deuxième au troisième, et ainsi de suite.

« 2° Les copermutants sur les immeubles réciproquement donnés en échange, pour le paiement des soultes ou retours.

« 3° Le donateur pour raison des charges de la donation. »

4° Les co-héritiers, « les associés et autres co-partageants » sur les immeubles de la succession « ou de la société, ou sur ceux qui ont fait l'objet de la division, » pour le paiement des soultes ou retours des lots, et pour le prix de la licitation, mais seulement sur les immeubles chargés desdites soultes, et licités.

5° Les créanciers et légataires qui demandent la séparation du patrimoine du défunt, conformément à l'art. 878, sur les immeubles de la succession.

6° Ceux qui ont prêté les deniers pour payer les créanciers désignés dans les numéros précédents. Ils exercent respectivement, et dans l'ordre ci-dessus établi, leurs privilèges sur l'immeuble, pourvu qu'il soit authentiquement constaté, par l'acte d'emprunt, que la somme était destinée à cet emploi, et par la quittance des créanciers, que ce paiement a été fait des deniers empruntés.

2104. « Néanmoins, les créances désignées aux six paragraphes de l'article précédent ne viendront sur le prix de l'immeuble, qu'après le paiement des frais faits pour parvenir tant à la vente de cet immeuble qu'à l'ordre et distribution du prix. »

SECTION III.

Comment se conservent les privilèges sur les immeubles.

2105 (C. civ., 2106). Entre les créanciers, les privilèges ne produisent d'effet à l'égard des immeubles qu'autant qu'ils sont rendus publics par l'inscription sur les registres du conservateur des hypothèques, de la manière déterminée par la loi, et à compter de la date de cette inscription, sous les seules exceptions qui suivent.

2106 (C. civ., 2108). Le vendeur, « l'échangiste ou donateur » privilégié, conserve son privilége par la transcription du titre qui a transféré la propriété de l'immeuble, et qui constate les sommes ou les charges privilégiées; à l'effet de quoi la transcription du contrat vaudra inscription pour le vendeur, l'échangiste ou le donateur, et pour le prêteur subrogé. Sera néanmoins, le conservateur des hypothèques, tenu, sous peine de tous dommages et intérêts envers les tiers, de faire d'office l'inscription sur ses registres, des créances et charges résultant de l'acte translatif de propriété, tant en faveur du vendeur, de l'échangiste ou du donateur, qu'en faveur des prêteurs.

2107 (C. c. 2109). Les co-héritiers « associés ou co-partageants » conservent leur privilége sur les biens de chaque lot ou sur le bien licité, pour les soulte et retour des lots, ou pour le prix de la licitation, par l'inscription faite à leur diligence, dans soixante jours à dater de l'acte de partage ou de l'adjudication par licitation; durant lequel temps aucune hypothèque ne peut avoir lieu sur le bien chargé de soulte ou adjugé par licitation, au préjudice du créancier de la soulte ou du prix.

2108 (C. c. 2111). Les créanciers et légataires qui, aux termes de l'art. 878 du présent Code, ont le droit de demander la séparation du patrimoine du défunt, conservent ce droit à l'égard des créanciers des héritiers ou représentants du défunt, sur les immeubles de la succession, par des inscriptions faites sur chacun de ces immeubles, dans les six mois à compter de l'ouverture de la succession.

Avant l'expiration de ce délai, aucune hypothèque ne peut être établie avec effet sur ces biens, ni aucune aliénation en être utilement consentie par les héritiers ou représentants, au préjudice des créanciers ou légataires.

2109 (C. c. 2112). Les cessionnaires de ces diverses créances privilégiées exercent tous les mêmes droits que les cédants, en leur lieu et place.

2110 (C. c. 2113). Toutes créances privilégiées soumises à la formalité de l'inscription, à l'égard desquelles les conditions ci-dessus prescrites pour conserver le privilége n'ont pas été accomplies, ne cessent pas néanmoins d'être hypothécaires; mais l'hypothèque ne date à l'égard des tiers, que de l'époque des inscriptions qui auront dû être faites ainsi qu'il sera ci-après expliqué.

CHAPITRE III.

Des hypothèques.

2111 (C. c. 2114). L'hypothèque est un droit réel sur les immeubles affectés à l'acquittement d'une obligation.

Elle est, de sa nature, indivisible, et subsiste en entier sur tous les immeubles affectés, sur chacun, et sur chaque portion de ces immeubles.

Elle les suit dans quelques mains qu'ils passent.

2112 (C. c. 2115). L'hypothèque n'a lieu que dans les cas et suivant les formes autorisés par la loi.

2113 (C. c. 2116). Elle est ou légale, ou judiciaire, ou conventionnelle.

2114 (C. c. 2117). L'hypothèque légale est celle qui résulte de la loi.

2115 (C. c. 2117). L'hypothèque judiciaire est celle qui résulte des jugements ou actes judiciaires.

2116 (C. c. 2117). L'hypothèque conventionnelle est celle qui dépend des conventions et de la forme extérieure des actes et des contrats.

2117 (C. c. 2118). Sont seuls susceptibles d'hypothèque :

1° Les biens immobiliers qui sont dans le commerce, et leurs accessoires réputés immeubles.

2° L'usufruit des mêmes biens et accessoires pendant le temps de sa durée.

3° « Les droits résultant des baux emphythéotiques également pendant leur durée. »

2118 (C. c. 2119). Les meubles n'ont pas de suite par hypothèque.

2119 (C. c. 2120). Il n'est rien innové par le présent Code aux dispositions des lois maritimes concernant les navires et bâtiments de mer.

SECTION 1re.

Des hypothèques légales.

2120 (C. c. 2121). Les droits et créances auxquels l'hypothèque légale est attribuée, sont :

Ceux des femmes mariées, sur les biens de leur mari, « avec toutes les modifications introduites, au cas de faillite de ce dernier, par la section IV du chapitre VII du titre 1er du livre 3 du Code de commerce, auquel il n'est en rien dérogé ; »

Ceux des mineurs et interdits, sur les biens de leur tuteur ;

Ceux de l'État, des communes et des établissements publics, sur les biens des receveurs et administrateurs comptables, « et sur ceux acquis à titre onéreux postérieurement à leur nomination par leurs femmes même séparées de biens, à moins qu'il soit légalement justifié que les deniers employés à l'acquisition appartenaient à celles-ci ;

« Ceux de l'État sur les biens des condamnés en matière criminelle, correctionnelle et de police, pour le remboursement de frais dont la condamnation est prononcée à son profit. »

2121 (C. c. 2122). Le créancier qui a une hypothèque légale peut exercer son droit sur tous les immeubles appartenant à son débiteur, et sur ceux qui pourront lui appartenir dans la suite, sous les modifications qui seront ci-après exprimées.

2122. « Les femmes ne peuvent céder leur droit à l'hypothèque légale, ou y re-noncer en faveur des tiers, que par un acte authentique ; et les cessionnaires n'en sont saisis que par l'inscription en leur nom direct, ou par la mention qui sera faite de la cession, soit en marge de l'inscription de l'hypothèque légale si elle a été requise, soit à la suite de l'inscription de l'hypothèque conventionnelle qui aurait été constituée par l'acte de cession.

« Le droit à l'hypothèque légale, attribué au mineur et à l'interdit, ne pourra également être cédé, après la tutelle ou l'interdiction, que par acte authentique, et le cessionnaire n'en sera saisi vis-à-vis des tiers qu'en observant les formalités prescrites par le paragraphe précédent. »

SECTION II.

Des hypothèques judiciaires.

2123 (C. c. 2123). L'hypothèque judiciaire résulte des jugements, soit contra-dictoires, soit par défaut, définitifs ou provisoires, en faveur de celui qui les a obtenus.

Elle résulte aussi des reconnaissances ou vérifications faites en jugement, des signatures apposées à un acte obligatoire sous seing-privé. « Néanmoins, dans ce dernier cas, l'hypothèque ne pourra être valablement inscrite avant l'échéance du terme accordé au débiteur. »

Elle peut s'exercer sur tous les immeubles appartenant au débiteur au jour du jugement, « mais sans pouvoir s'étendre sur ceux à venir. »

« Dans le cas prévu par le 2e § du présent article, l'hypothèque résultant du jugement de reconnaissance ou de vérification ne pourra être exercée que sur les immeubles appartenant au débiteur au jour de l'échéance du terme fixé en l'o-bligation. »

SECTION III.

Des hypothèques conventionnelles.

2124 (C. c. 2124). Les hypothèques conventionnelles ne peuvent être consen-ties que par ceux qui ont la capacité d'aliéner les immeubles qu'ils y soumettent.

2125 (C. c. 2125). Ceux qui n'ont sur l'immeuble qu'un droit suspendu par une condition, ou résoluble dans certains cas, ou sujet à rescision, ne peuvent consentir qu'une hypothèque soumise aux mêmes conditions ou à la même rescision.

2126 (C. c. 2126). Les biens des mineurs, des interdits, et ceux des absents, tant que la possession n'en est déférée que provisoirement, ne peuvent être hypothéqués que pour les causes et dans les formes établies par la loi, ou en vertu de jugements.

2127 (C. c. 2127). L'hypothèque conventionnelle ne peut être consentie que par acte passé en forme authentique devant deux notaires ou devant un notaire et deux témoins.

« Le contrat hypothécaire pourra être stipulé payable à ordre. »

« Il ne pourra jamais être fait au porteur. »

2128 (C. c. 2128). Les contrats passés en pays étranger ne peuvent donner d'hypothèque sur les biens de France, s'il n'y a des dispositions contraires à ce principe dans les lois politiques ou dans les traités.

2129 (C. c. 2129 § 1er). Il n'y a d'hypothèque conventionnelle valable que celle qui, soit dans le titre authentique constitutif de la créance, soit dans un acte authentique postérieur, déclare spécialement la nature de la situation de chacun des immeubles actuellement appartenant au débiteur, sur lesquels il consent l'hypothèque de la créance. Chacun de tous ses biens présents peut être nominativement soumis à l'hypothèque.

2130 (C. c. 2129 § 2). Les biens à venir ne peuvent être hypothéqués.

2131 (C. c. 2131). Si l'immeuble ou les immeubles assujettis à l'hypothèque ont péri ou éprouvé des dégradations, de manière qu'ils soient devenus insuffisants pour la sûreté du créancier, celui-ci peut ou poursuivre dès à présent son remboursement, ou obtenir un supplément d'hypothèque.

2132 (C. c. 2132 § 1er). L'hypothèque conventionnelle n'est valable qu'autant que la somme pour laquelle elle est consentie est certaine et déterminée par l'acte.

2133 (C. c. 2132 § 2). Si la créance résultant de l'obligation est conditionnelle pour son existence ou indéterminée dans sa valeur, le créancier ne pourra requérir l'inscription dont il sera parlé ci-après, que jusqu'à concurrence d'une valeur estimative expressément « convenue entre lui et le débiteur par l'acte constitutif de l'hypothèque. »

« L'hypothèque accordée pour sûreté d'un crédit ouvert produit son effet, entre les créanciers, du jour de l'inscription, sans égard aux différentes époques des avances faites en exécution de l'acte de crédit. »

2134 (C. c. 2133). L'hypothèque acquise, « comme le privilége, » s'étend à toutes les constructions et améliorations survenues à l'immeuble hypothéqué.

Au nombre de ces améliorations, la loi comprend l'assurance contre l'incendie des bâtiments assujettis au privilége ou à l'hypothèque. En cas de sinistre total ou partiel, les indemnités dues par l'assureur appartiennent, de plein droit, aux créanciers antérieurs, dûment inscrits lors du sinistre ou au plus tard dans les 10 jours suivants, dans l'ordre et jusqu'à concurrence de leurs créances respectives.

« L'assureur n'est valablement libéré, à l'égard des créanciers, qu'autant qu'il est constaté, par un certificat du conservateur des hypothèques, qu'il n'existait, à l'expiration du délai de 10 jours, aucune inscription sur l'immeuble, du chef de l'assuré.

« En cas d'inscriptions, le montant de l'indemnité est déposé à la caisse des dépôts et consignations, et l'ordre en est suivi devant le tribunal à la requête de la partie la plus diligente.

« 2135. Le créancier à qui l'hypothèque a été consentie, ses héritiers et ayant-cause pourront céder cette hypothèque ou son rang d'antériorité, mais seulement par acte authentique. Il en sera de même du privilége.

« 2136. La cession de l'hypothèque conventionnelle ou d'un privilége, ne pourra jamais être faite au porteur. Lorsque l'obligation aura été stipulée payable à ordre, elle sera, ainsi que l'hypothèque, transmissible par voie d'endossement *authentique*, conjointement avec la grosse de l'obligation sur laquelle cet endossement devra être écrit.

« Si la cession n'est que partielle, l'endossement sera fait sur une expédition de l'obligation, avec mention par le notaire sur la minute et sur la grosse.

« Dans l'un et l'autre cas, les porteurs d'ordre ne seront saisis, à l'égard des créanciers du cédant, que par la mention faite en marge de l'inscription.

« Les articles 137, 138, 139 et 140 du Code de commerce seront applicables à l'endossement du contrat hypothécaire, et l'endosseur demeurera garant du paiement à l'échéance, à moins que l'endossement ne porte qu'il a été fait sans garantie de paiement.

« Le défaut de paiement sera constaté par un commandement resté sans effet.

« Ce commandement devra être fait au plus tard dans les vingt jours de l'échéance de l'obligation, et l'action en garantie intentée, sous peine de déchéance, dans le mois qui suivra la date du commandement, outre un jour par trois myriamètres de distance entre le domicile de l'endosseur et celui du débiteur principal, devant le tribunal civil duquel l'action en garantie devra toujours être portée. »

SECTION IV.

Du rang que les hypothèques ont entre elles.

2137 (C. c. 2134). Entre les créanciers, l'hypothèque, soit légale, soit judiciaire, soit conventionnelle, n'a de rang que du jour de l'inscription prise par le créancier sur les registres du conservateur, dans la forme et de la manière prescrites par la loi, sauf les exceptions portées en l'article suivant.

2138 (C. c. 2135). L'hypothèque existe, indépendamment de toute inscription :

1° Au profit des mineurs et interdits, sur les immeubles appartenant à leur tuteur, à raison de sa gestion, du jour de l'acceptation de la tutelle.

2° Au profit des femmes, pour raison de leurs dot et conventions matrimoniales, sur les immeubles de leur mari, et à compter du jour « de la célébration civile » du mariage.

La femme n'a hypothèque pour les sommes dotales qui proviennent de successions à elles échues, ou de donations à elles faites pendant le mariage qu'à compter de l'ouverture des successions, ou du jour que les donations ont eu leur effet. Elle n'a hypothèque pour l'indemnité des dettes qu'elle a contractées avec son mari, et pour le remploi de ses propres aliénés, qu'à compter du jour de l'obligation ou de la vente.

2139 (C. c. 2136). Sont toutefois les maris et les tuteurs tenus de rendre publiques les hypothèques dont leurs biens sont grevés, et, à cet effet, de requérir eux-mêmes, sans aucun délai, inscription aux bureaux à ce établis, sur les immeubles à eux appartenant, et sur ceux qui pourront leur appartenir par la suite. Les maris et les tuteurs qui, ayant manqué de requérir et de faire faire les inscriptions ordonnées par le présent article, auraient consenti ou laissé prendre des priviléges ou des hypothèques sur leurs immeubles, sans déclarer expressément que lesdits immeubles étaient affectés à l'hypothèque légale des femmes et des mineurs, seront réputés stellionataires, et, comme tels, contraignables par corps.

2140 (C. c. 2137). Les subrogés-tuteurs seront tenus, sous leur responsabilité personnelle et sous peine de tous dommages et intérêts, de veiller à ce que les inscriptions soient prises sans délai sur les biens du tuteur, pour raison de sa gestion, même de faire faire lesdites inscriptions.

2141 (C. c. 2138). A défaut par les maris, tuteurs, subrogés-tuteurs, de faire faire les inscriptions ordonnées par les articles précédents, elles seront reprises par le procureur de la république près le tribunal de première instance du domicile des maris et tuteurs, ou du lieu de la situation des biens.

2142 (C. c. 2139). Pourront les parents, soit du mari, soit de la femme, et les parents du mineur, ou, à défaut de parents, ses amis, requérir lesdites inscriptions; elles pourront aussi être requises par la femme et par les mineurs.

2143 (C. c. 2140). Lorsque, dans le contrat de mariage, les parties seront convenues qu'il ne sera pris d'inscription que sur un ou certains immeubles du mari, les immeubles qui ne seraient pas indiqués pour l'inscription resteront libres et affranchis de l'hypothèque pour la dot de la femme, et pour ses reprises et conventions matrimoniales. Il ne pourra pas être convenu qu'il ne sera pris aucune inscription.

2144 (C. c. 2141). Il en sera de même pour les immeubles du tuteur, lorsque les parents, en conseil de famille, auront été d'avis qu'il ne soit pris d'inscription que sur certains immeubles.

2145 (C. c. 2142). Dans le cas des deux articles précédents, le mari, le tuteur et le subrogé-tuteur, ne seront tenus de requérir inscription que sur les immeubles indiqués.

« Si, dans le cas de l'article 2144, l'inscription a été prise contre le tuteur, elle sera, sur le dépôt de l'expédition de la délibération de famille, et sans qu'il soit besoin d'autres formalités, radiée sur les immeubles qui auront cessé de demeurer grevés.

« Néanmoins, lorsque, dans la délibération, les parents et le juge de paix n'auront pas été unanimes, l'homologation de la délibération devra être demandée contre le subrogé-tuteur, devant le tribunal civil, qui prononcera après avoir entendu le ministère public. »

2146 (C. c. 2144). « Lorsque l'hypothèque légale de la femme sur la généralité des immeubles du mari n'aura pas été limitée par le contrat de mariage, » elle pourra être restreinte aux immeubles suffisants pour la conservation entière des droits de la femme, et radiée sur tous autres immeubles, « par le simple consentement authentique de la femme, » précédé de l'avis unanime des quatre plus proches parents d'icelle, réunis en assemblée de famille devant le juge de paix.

« Si l'avis des quatre parents n'a pas été pris à l'unanimité et approuvé par le juge de paix, l'homologation en devra être demandée par le mari et la femme devant le tribunal civil, qui prononcera comme il est prescrit sous le dernier paragraphe de l'article précédent. »

2147. « La dispense d'inscription de l'hypothèque légale n'a d'effet en faveur de la femme, du mineur ou de l'interdit, que jusqu'à l'expiration des six mois qui suivent la dissolution du mariage, la majorité ou le décès du mineur, ou la cessation de l'interdiction.

« Ce délai expiré sans qu'il ait été pris d'inscription, l'hypothèque légale de la femme, du mineur ou de l'interdit, n'a de rang que du jour de l'inscription prise dans la forme prescrite par la loi. »

CHAPITRE IV.

Du mode de l'inscription des privilèges et hypothèques.

2148 (C. c. 2146). Les inscriptions se font au bureau de conservation des hypothèques dans la circonscription duquel sont situés les biens soumis au privilège ou à l'hypothèque.

11

« Elles ne produisent aucun effet si elles sont prises postérieurement au jugement déclaratif de la faillite, et elles peuvent être déclarées nulles, conformément à l'art. 448 du Code de commerce, si elles ont eu lieu après l'époque de la cessation de paiement, ou dans les dix jours qui précèdent, s'il s'est écoulé plus de quinze jours entre la date de l'acte constitutif de l'hypothèque et celle de l'inscription. »

2149 (C. c. 2147). Tous les créanciers inscrits le même jour exercent en con_currence une hypothèque de la même date, sans distinction entre l'inscription du matin et celle du soir, quand même cette différence serait marquée par le conservateur.

2150 (C. c. 2147). Pour opérer l'inscription, le créancier représente, soit par lui-même, soit par un tiers, au conservateur, l'original ou brevet, « la grosse, » une expédition « ou un extrait » authentique de l'acte qui donne naissance au privilége ou à l'hypothèque.

Il y joint « un bordereau » écrit, autant que possible sur la grosse ou l'expédition du titre, ou sur une feuille séparée de papier timbré, contenant : 1° Les noms, prénoms, profession et domicile du créancier, et l'élection d'un domicile pour lui dans un lieu quelconque de la circonscription du bureau; « à défaut de cette élection, toutes significations et notifications relatives à l'inscription pourront valablement être faites au procureur de la république du lieu où se fait l'inscription ; » 2° Les noms, prénoms, profession et domicile du débiteur, ou une désignation individuelle et spéciale, telle que le conservateur puisse reconnaître et distinguer dans tous les cas l'individu grevé d'hypothèque; 3° La date et la nature du titre ; 4° Le montant du capital des créances exprimées dans le titre, ainsi que le montant de leurs accessoires ; 5° L'époque de l'exigibilité; 6° L'indication de la nature et de la situation des biens sur lesquels il entend conserver son privilége ou son hypothèque.

Cette dernière disposition n'est pas nécessaire dans le cas des hypothèques légales ou judiciaires; à défaut de convention, une seule inscription, pour ces hypothèques, frappe tous les immeubles compris dans l'arrondissement du bureau.

« L'omission de l'une ou de plusieurs des formalités ci-dessus prescrites n'entraînera la nullité de l'inscription que lorsqu'il en résultera un préjudice pour des tiers. »

2151 (C. c. 2149). Les inscriptions à faire sur les biens d'une personne décédée pourront être faites sous la simple désignation du défunt, ainsi qu'il est dit au n° 2 de l'art. précédent.

2152 (C. c. 2150). Le conservateur fait mention sur son registre du contenu au bordereau, et remet au requérant le titre et le bordereau, si le bordereau a été

porté sur une feuille séparée, mais après avoir certifié au pied de ce bordereau
qu'il a fait l'inscription.

2153 (C. c. 2152). Il est loisible à celui qui a requis une inscription, ainsi qu'à
ses représentants ou cessionnaires par acte authentique ou par endossement régulier, de changer sur le registre des hypothèques le domicile par lui élu, à la
charge d'en choisir et indiquer un autre dans la même circonscription.

2154 (C. c. 2151). Le créancier, inscrit pour un capital produisant intérêt ou ar-
rérage, a droit d'être colloqué pour deux années seulement, et pour l'année courante, au même rang de privilége ou hypothèque que pour son capital, sans préjudice des inscriptions particulières à prendre portant hypothèque à compter de
leur date, pour les arrérages autres que ceux conservés par la première inscription.

2155 (C. c. 2153). Les droits d'hypothèque purement légale de l'Etat, des communes et des établissements publics sur les biens des comptables, ceux des mineurs ou interdits sur les tuteurs, des femmes mariées sur leurs époux, seront
inscrits sur la représentation d'un seul bordereau, contenant : 1° les nom, prénoms, profession et domicile réel du créancier, et le domicile qui sera par lui élu
dans l'arrondissement ; 2° les noms, prénom, profession, domicile ou désignation
précise du débiteur ; 3° la nature des droits à conserver, et le montant de leur
valeur quant aux objets déterminés, sans être tenu de la fixer quant à ceux qui
sont conditionnels, éventuels ou indéterminés.

2156 (C. c. 2154). Les inscriptions conservent l'hypothèque et le privilége pendant « quinze » années, à compter du jour de leur date ; leur effet cesse si ces inscriptions n'ont été renouvelées avant l'expiration de ce délai.

2157 (C. c. 2155). Les frais des inscriptions sont à la charge du débiteur, s'il
n'y a stipulation contraire ; l'avance en est faite par l'inscrivant, si ce n'est quant
aux hypothèques légales, pour l'inscription desquelles le conservateur a son recours contre le débiteur. Les frais de la transcription, qui peut être requise par
le vendeur, sont à la charge de l'acquéreur.

2158 (C. c. 2156). Les actions auxquelles les inscriptions peuvent donner lieu
contre les créanciers seront intentées devant le tribunal compétent, par exploits
faits à leur personne, ou au dernier des domiciles élus sur le registre, et ce,
nonobstant le décès soit des créanciers, soit de ceux chez lesquels ils auront
fait élection de domicile.

CHAPITRE V.

De l'effet des priviléges et hypothèques contre les tiers détenteurs.

2159 (C. c. 2166). Les créanciers ayant privilége ou hypothèque inscrite sur
un immeuble, le suivent en quelques mains qu'il passe, pour être colloqués et
payés suivant l'ordre de leurs créances ou inscriptions.

2160 (C. c. 2167 et 2168). Le tiers détenteur, par l'effet seul des inscriptions, est obligé, comme détenteur, à toutes les dettes hypothécaires, et il jouit des termes et délais accordés au débiteur originaire.

2161 (C. c. 2167 et 2168). Il est tenu, comme lui, de payer tous les intérêts et capitaux exigibles, à quelque somme qu'ils puissent monter, sans aucune réserve « et sans jamais pouvoir délaisser l'immeuble. »

2162 (C. c. 2169). chaque créancier « inscrit » a droit de faire vendre sur les tiers détenteurs l'immeuble hypothéqué, trente jours après commandement fait au débiteur originaire et sommation faite au tiers débiteur de payer la dette exigible.

2163 (C. c. 2170). Dans ce cas, le tiers détenteur ne peut s'opposer à la vente de l'héritage hypothéqué, sous prétexte qu'il serait demeuré d'autres immeubles hypothéqués à la même dette dans la possession du principal ou des principaux obligés. Toute exception de discussion, à cet égard, lui est interdite.

2164 (C. c. 2178). Le tiers détenteur qui a payé la dette hypothécaire, ou subi l'expropriation de l'immeuble, aura le recours en garantie tel que de droit contre le débiteur principal.

2165. Le tiers détenteur pourra, jusqu'à la vente de l'immeuble, se soustraire à la double obligation de payer les dettes inscrites, à quelques sommes qu'elles puissent monter, et de subir l'expropriation, en observant les formalités établies dans le chapitre VII du présent titre.

Les frais faits jusque là par les poursuivants resteront à sa charge.

CHAPITRE VI.

Du mode de purger les propriétés des priviléges et hypothèques.

2166 (C. c. 2181). Les contrats translatifs de la propriété d'immeubles ou droits réels immobiliers, que les tiers détenteurs voudront purger de priviléges et hypothèques, seront transcrits en entier par le conservateur des hypothèques dans l'arrondissement duquel les biens sont situés.

« Néanmoins, s'il s'agit d'un contrat portant transmission d'immeubles ou de droits immobiliers distincts, à plusieurs personnes séparément, la transcription pourra être faite par simple extrait.

Cette transcription se fera sur un registre à ce destiné, et le conservateur sera tenu d'en donner reconnaissance au requérant.

2167 (C. procéd. art. 834 et 835). Les créanciers qui, ayant une hypothèque judiciaire ou conventionnelle, n'auront pas fait inscrire leurs titres antérieurement aux aliénations des immeubles hypothéqués ne seront reçus à s'inscrire valablement à l'avenir que dans le délai de « dix jours » au plus tard, à partir de la transcription de l'acte translatif de propriété. Il en sera de même à l'égard des créanciers ayant privilége sur des immeubles, sans préjudice des autres droits résultant au vendeur et aux héritiers, des art. 2106 et 2107 du Code civil.

2168 (C. c. 2182). La simple transcription des titres translatifs de propriété sur le registre du conservateur ne purge pas les hypothèques et priviléges établis sur l'immeuble.

Le vendeur ne transmet à l'acquéreur que la propriété et les droits qu'il avait lui-même sur la chose vendue : il les transmet sous l'affectation des mêmes priviléges et hypothèques dont il était chargé.

2169 (C. c. 2183). Si le nouveau propriétaire veut se garantir de l'effet des poursuites autorisées par le chapitre V du présent titre, il est tenu, « après avoir fait transcrire, de notifier aux créanciers inscrits, aux domiciles par eux élus dans leurs inscriptions : »

1° Extrait de son titre, contenant seulement la date et la qualité de l'acte, le nom et la désignation précise du vendeur ou du donateur, « ou de tout autre de qui il tient l'immeuble, » la nature et la situation de cet immeuble, et s'il s'agit d'un corps de bien, la dénomination générale seulement du domaine et des circonscriptions hypothécaires dans lesquelles il est situé, le prix et les charges faisant partie du prix, l'évaluation de ces charges ou l'évaluation de la chose, si elle a été donnée ou reçue en échange ou de toute autre manière, sans une appréciation déterminée et d'un capital fixe.

2° Extrait de la transcription de ce titre.

3° Un tableau sur trois colonnes, dont la première contiendra la date des hypothèques et celles des inscriptions ; la seconde le nom des créanciers ; le montant des créances inscrites ; « le tout d'après l'état délivré par le conservateur des hypothèques à l'expiration des dix jours de la transcription. »

2170 (C. c. 2184). Le nouveau propriétaire déclarera, par le même acte, qu'il est prêt à acquitter sur le champ les dettes et charges hypothécaires inscrites, jusqu'à concurrence seulement du prix, sans distinction des dettes exigibles ou non exigibles.

« Si, parmi les dettes et charges privilégiées ou hypothécaires, se trouve le privilége d'un vendeur, celui-ci aura vingt jours à partir de la notification à lui faite pour opter entre ces deux droits. Faute par lui de le faire dans ledit délai, il sera déchu de son action résolutoire et ne pourra plus faire valoir que son privilége.

« S'il opte pour la résolution du contrat, il devra, à peine de déchéance, en former la demande dans les huit jours de son option ; le tiers détenteur pourra intervenir dans l'instance.

« A partir du jour où le vendeur aura opté pour l'action résolutoire, la purge sera suspendue, et elle ne pourra être reprise qu'après la renonciation, de la part du vendeur, à l'action résolutoire, ou après le rejet de cette action. »

2171 (C. c. 2185). Lorsque le nouveau propriétaire a fait cette notification, tout créancier dont le titre est inscrit peut requérir la mise de l'immeuble aux enchères et adjudications publiques, à la charge : 1° Que cette réquisition sera signifiée au nouveau propriétaire, dans « trente » jours au plus tard de la notification faite à la requête de ce dernier, en y ajoutant deux jours par cinq myriamètres de distance entre le domicile élu et le domicile réel de chaque créancier requérant ; 2° Qu'elle contiendra soumission du requérant de porter ou faire porter le prix à un dixième en sus de celui stipulé dans le contrat, ou déclaré par le nouveau propriétaire ; 3° Que la même signification sera faite dans le même délai, au précédent propriétaire, débiteur principal ; 4° Que l'original et les copies de ces extraits seront signés par le créancier requérant, ou par son fondé de procuration expresse ; lequel, en ce cas, est tenu de donner copie de sa procuration ; le tout à peine de nullité.

2172 (C. c. 2190). La surenchère faite par l'un des créanciers inscrits profite à tous les autres.

Le désistement du créancier requérant la mise aux enchères ne peut, même quand le créancier paierait le montant de la soumission, empêcher l'adjudication publique, si ce n'est du consentement exprès de tous les autres créanciers hypothécaires.

2173 (C. c. 2186). A défaut par les créanciers d'avoir requis la mise aux enchères dans le délai et les formes prescrits, la valeur de l'immeuble demeure définitivement fixée au prix stipulé dans le contrat ou déclaré par le nouveau propriétaire, lequel est en conséquence libéré de tout privilège et hypothèque, en payant ledit prix aux créanciers qui seront en ordre de recevoir, ou en le consignant.

2174 (C. c. 2187). En cas de revente sur enchères, elle aura lieu suivant les formes établies par le Code de procédure civile.

2175 (C. c. 2188). L'adjudicataire est tenu, au-delà du prix de son adjudication, de restituer à l'acquéreur, ou au donataire dépossédé, les frais et loyaux coûts de son contrat, ceux de la transcription sur les registres du conservateur, ceux de la notification, et ceux faits par lui pour parvenir à la revente, sans préjudice pour l'acquéreur de son recours en garantie, tel que de droit, contre son vendeur.

2176 (C. c. 2189). L'acquéreur ou le donataire qui conserve l'immeuble mis aux enchères, en se rendant dernier enchérisseur, n'est pas tenu de faire transcrire le jugement d'adjudication.

« Il en sera seulement fait mention à sa requête, en marge de la transcription de son premier titre. »

2177 (C. c. 2191). L'acquéreur qui se sera rendu adjudicataire aura son recours tel que de droit contre le vendeur, pour le remboursement de ce qui excède le prix stipulé par son titre et pour l'intérêt de cet excédant, à compter du jour de chaque paiement.

2178 (C. c. 2192). Dans le cas où le titre du nouveau propriétaire comprendrait des immeubles et des meubles, ou plusieurs immeubles, les uns hypothéqués, les autres non hypothéqués, situés dans la même ou dans diverses circonscriptions de bureaux, aliénés par un seul et même prix, ou pour des prix distincts et séparés, soumis ou non à la même exploitation, le prix de chaque immeuble frappé d'inscriptions particulières et séparées sera déclaré dans la notification du nouveau propriétaire, par ventilation, s'il y a lieu, du prix total exprimé dans le titre.

Le créancier surenchérisseur ne pourra en aucun cas, être contraint d'étendre sa soumission ni sur le mobilier, ni sur d'autres immeubles que sur ceux qui sont hypothéqués à sa créance et situés dans la même circonscription, sauf le recours du nouveau propriétaire contre ses auteurs pour l'indemnité du dommage qu'il éprouverait, soit de la division des objets de son acquisition, soit de celle des exploitations.

CHAPITRE VII.

Du mode de purger les hypothèques quand il n'existe pas d'inscription sur les biens des maris et des tuteurs.

2179 (C. c. 2193). Pourront les acquéreurs d'immeubles appartenant à des maris ou à des tuteurs, lorsqu'il n'existera pas d'inscriptions sur lesdits immeubles à raison de la gestion du tuteur ou des dots, reprises et conventions matrimoniales de la femme, purger les hypothèques qui existeraient sur les biens par eux acquis.

2180 (C. c. 2194). A cet effet : 1° ils déposeront au greffe du tribunal civil du lieu de la situation des biens, « un extrait » du contrat translatif de propriété, dûment collationné , et contenant les noms, prénoms, professions et domiciles des contractants, l'indication de la nature et de la situation des biens, le prix de la vente ou les charges de l'aliénation ; cet extrait sera et demeurera affiché pendant « trente jours » dans l'auditoire du tribunal.

2° Ils certifieront ce dépôt par un acte signifié soit à la femme, soit au subrogé-tuteur, « dans le cas ou l'acte translatif de propriété les ferait connaître. »

3° Ils feront ensuite publier, par extrait contenant les mêmes indications que celui déposé au greffe, le contrat translatif de propriété, dans l'un des journaux de l'arrondissement de la situation des biens, et à défaut dans un journal du département.

Pendant les « trente jours » qui suivront cette publication, les femmes mariées, tuteurs, subrogés-tuteurs, mineurs, interdits, parents ou amis, et le procureur de la République seront reçus à requérir et à faire faire au bureau du conservateur des hypothèques, des inscriptions sur l'immeuble aliéné, qui auront le même effet que si elles avaient été prises « le jour ou l'hypothèque légale s'est ouverte. »

2181. « Le greffier du tribunal civil est tenu de dresser et de remettre au procureur de la République, à l'expiration de chaque quinzaine, le tableau des dépôts faits au greffe des extraits des contrats translatifs de propriété, en exécution de l'article précédent. Cette remise sera constatée par un visa du procureur de la République sur le registre des actes de dépôts. »

2182. Si, dans le délai de « trente jours à dater de l'insertion au journal, » il n'a pas été fait d'inscription du chef des femmes, mineurs ou interdits, sur les immeubles aliénés, ils passent à l'acquéreur, échangiste ou donataire, sans aucune charge, à raison des dot, reprises et conventions matrimoniales ou de la gestion du tuteur, sans préjudice des poursuites qui pourraient avoir lieu contre eux dans le cas de l'art. 2139.

CHAPITRE VIII.

De l'extinction des priviléges et hypothèques.

2180 (C. c. 2180). Les priviléges et hypothèques s'éteignent :

1° Par l'extinction de l'obligation principale.

2° Par la renonciation du créancier à l'hypothèque.

3° Par l'accomplissement des formalités et conditions prescrites aux tiers détenteurs pour purger les biens par eux acquis.

4° Par la prescription.

La prescription est acquise au débiteur, quant aux biens qui sont dans ses mains, par le temps fixé pour la prescription des actions qui donnent l'hypothèque ou le privilége.

Quant aux biens qui sont dans la main d'un tiers détenteur, elle lui est acquise par le temps réglé pour la prescription de la propriété à son profit; dans le cas où la prescription suppose un titre, elle ne commence à courir que du jour où il a été transcrit sur les registres du conservateur.

Les inscriptions prises par le créancier n'interrompent pas le cours de la prescription établie par la loi en faveur du débiteur ou du tiers détenteur.

CHAPITRE IX.

De la radiation et réduction des inscriptions.

2184 (C. c. 2157). Les inscriptions sont rayées du consentement des parties intéressées et ayant capacité à cet effet, ou en vertu d'un jugement en dernier ressort ou passé en force de chose jugée.

2185. « Le porteur d'endossement régulier d'une créance hypothécaire peut consentir la radiation des inscriptions aussi bien que le cessionnaire par acte authentique. »

2186 (C. c. 2158). Ceux qui requièrent la radiation déposent au bureau du conservateur, soit l'expédition « ou l'extrait » de l'acte authentique portant consentement, soit l'expédition « ou l'extrait » du jugement.

2187 (C. c. 2159). La radiation non consentie est demandée au tribunal dans le ressort duquel l'inscription a été faite, si ce n'est lorsque cette inscription a eu lieu pour sûreté d'une « obligation » éventuelle ou indéterminée sur l'exécution ou liquidation de laquelle le débiteur et le créancier sont en instance ou doivent être jugés dans un autre tribunal; auquel cas la demande en radiation doit y être portée ou renvoyée. Cependant la convention faite par le créancier et le débiteur de porter, en cas de contestation, la demande à un tribunal qu'ils auraient désigné, recevra son exécution entre eux.

2188 (C. c. 2160). La radiation doit être ordonnée par les tribunaux lorsque l'inscription a été faite sans être fondée ni sur la loi, ni sur un titre, ou lorsqu'elle l'a été en vertu d'un titre soit irrégulier, soit éteint ou soldé, ou lorsque les droits de privilége ou d'hypothèque sont effacés par voies légales.

2189 (C. c. 2161). Toutes les fois que les inscriptions prises par un créancier qui, d'après la loi, aurait droit d'en prendre sur les biens présents d'un débiteur, sans limitation convenue, seront portées sur plus de domaines différents qu'il n'est nécessaire à la sûreté des créances, l'action en réduction des inscriptions, ou en radiation d'une partie en ce qui excède la proportion convenable, est ouverte au débiteur. On y suit les règles de compétence établies dans l'art. 2187. La disposition du présent article ne s'applique pas aux hypothèques conventionnelles.

2190 (C. c. 2165). Sont réputées excessives les inscriptions qui frappent sur plusieurs domaines, lorsque la valeur d'un seul ou de quelques-uns d'entre eux excède de plus d'un tiers en fonds libres le montant des créances en capital et accessoires légaux.

2191 (C. c. 2166). L'excès, dans ce cas, est arbitré par les juges d'après les

12

circonstances, les probabilités de chances et les présomptions de fait, de manière à concilier les droits vraisemblables du créancier avec l'intérêt du crédit raisonnable à conserver au débiteur; sans préjudice des nouvelles inscriptions à prendre avec hypothèque du jour de leur date, lorsque l'évènement aura porté les créances indéterminées à une somme plus forte.

2192 (C. c. 2163). La valeur des immeubles dont la comparaison est à faire avec celle des créances, et le tiers en sus, est déterminée par quinze fois la valeur du revenu déclaré par la matrice du rôle de la contribution foncière, ou indiqué par la cote de contribution sur le rôle, selon la proportion qui existe dans les communes de sa situation entre cette matrice ou cette cote et le revenu pour les immeubles non sujets au dépérissement, et dix fois cette valeur pour ceux qui y sont sujets. Pourront néanmoins les juges s'aider, en outre, des éclaircissements qui peuvent résulter des baux non suspects, des procès-verbaux d'estimation qui ont pu être dressés précédemment à des époques rapprochées et autres actes semblables, et évaluer le revenu au taux moyen entre les résultats de ces divers renseignements.

CHAPITRE X.

De la publicité des registres et de la responsabilité des conservateurs.

2193. « Les conservations d'hypothèques continueront d'être organisées par arrondissement. »

2194 (C. c. 2201). Tous les registres des conservateurs sont en papier timbré, cotés et paraphés à chaque page par première et dernière, par l'un des juges du tribunal dans le ressort duquel le bureau est établi. Ces registres seront arrêtés chaque jour comme ceux d'enregistrement des actes.

2195 (C. c. 2200). Les conservateurs seront tenus d'avoir un registre sur lequel ils inscriront, jour par jour et par ordre numérique, les remises qui leur seront faites d'actes de mutation pour être transcrits, ou de bordereaux pour être inscrits.

2196 (C. c. 2200). Ils donneront au requérant une reconnaissance sur papier timbré, qui rappellera le numéro du registre sur lequel la remise aura été inscrite, et ils ne pourront transcrire les actes de mutation, ni inscrire les bordereaux sur les registres à ce destinés, qu'à la date et dans l'ordre des remises qui leur en auront été faites.

2197 (C. c. 2203). Les mentions de dépôts, les inscriptions et transcriptions, sont faites sur les registres, de suite, sans aucun blanc ni interligne, à peine contre le conservateur, de mille à deux mille francs d'amende, et des dommages et intérêts des parties, payables par préférence à l'amende.

2198 (C. c. 2196). Les conservateurs sont tenus de délivrer à tout requérant copie des actes transcrits sur leurs registres, et celles des inscriptions subsistantes ou certificats qu'il n'en existe aucune.

2199. « Ils sont également tenus de délivrer extraits des actes transcrits, ou certificats attestant soit la transcription, soit que la transcription n'a point eu lieu. »

2200 (C. c. 2199). Dans aucun cas, les conservateurs ne peuvent refuser ni retarder la transcription des actes de mutation, l'inscription des droits hypothécaires, ni la délivrance des certificats requis, sous peine des dommages et intérêts des parties; à l'effet de quoi procès-verbaux des refus ou retardements seront, à la diligence des requérants, dressés sur le champ, soit par un juge de paix, soit par un huissier ou un notaire assisté de deux témoins.

2201 (C. c. 2197). Les conservateurs sont responsables du préjudice résultant :

1° De l'omission sur leurs registres des transcriptions d'actes de mutation et des inscriptions existantes, à moins, dans ce dernier cas, que l'erreur ne provienne de désignations insuffisantes qui ne pourraient leur être imputées.

2° « Des radiations d'inscriptions par eux opérées en vertu de jugements ou d'arrêts non passés en force de chose jugée.

« Quant aux radiations faites en vertu d'actes consentis par des parties n'ayant pas capacité à cet effet, la responsabilité en demeure tout entière aux officiers publics qui ont reçu ces actes. »

2202 (C. c. 2198). L'immeuble à l'égard duquel le conservateur aurait omis dans ses certificats une ou plusieurs des charges inscrites, en demeure, sauf la responsabilité du conservateur, affranchi dans les mains du nouveau possesseur, pourvu qu'il ait requis le certificat depuis la transcription de son titre; sans préjudice néanmoins du droit des créanciers de se faire colloquer suivant l'ordre qui leur appartient tant que le prix n'a pas été payé par l'acquéreur.

2203 (C. c. 2202). Les conservateurs sont tenus de se conformer, dans l'exercice de leurs fonctions, à toutes les dispositions du présent chapitre, à peine d'une amende de deux cents à mille francs pour la première contravention, et de destitution pour la seconde, sans préjudice des dommages et intérêts des parties, lesquels seront payés avant l'amende.

MODIFICATIONS AU CODE DE PROCÉDURE.

TITRE XII.

De la saisie immobilière.

696. Quarante jours au plus tôt et vingt jours au plus tard avant l'adjudication, l'avoué du poursuivant fera insérer dans un journal publié dans le département

où sont situés les biens, un extrait signé de lui et contenant : 1° la date de la saisie et de sa transcription ; 2° les noms, professions, demeure du saisi, du saisissant et de l'avoué de ce dernier ; 3° la désignation sommaire des immeubles ; 4° la mise à prix ; 5° l'indication du tribunal où la saisie se poursuit, et des jour, lieu et heure de l'adjudication.

699. Extrait pareil à celui qui est prescrit par l'article 696 sera imprimé en forme de placard et affiché dans le même délai ; 1° à la porte principale des édifices saisis ; 2° à la principale place de la commune où les biens sont situés et de celle où siége le tribunal devant lequel se poursuit la vente ; 3° à la partie extérieure des mairies des communes de la situation des biens ; au lieu où se tient le principal marché de chacune de ces communes, et, lorsqu'il n'y en a pas, au lieu où se tient le principal marché de chacune des deux communes les plus voisines dans l'arrondissement ; 5° à la porte de l'auditoire du juge de paix de la situation des bâtiments, à la porte de l'auditoire de la justice de paix où se trouve la majeure partie des biens saisis ; 6° à la porte extérieure du tribunal de la situation des biens et de la vente.

L'huissier attestera, par un procès-verbal rédigé sur un exemplaire du placard, que l'apposition a été faite aux lieux déterminés par la loi, sans les détailler. Le procès-verbal sera visé par le maire de chacune des communes dans lesquelles l'apposition aura été faite.

TITRE XIII.

Des incidents de la saisie immobilière.

742. Toute convention portant qu'à défaut de paiement du capital ou des intérêts aux époques convenues, le créancier aura le droit de faire vendre les immeubles hypothéqués aux enchères publiques devant notaire, sous les formalités, la mise à prix et les conditions spécifiées en l'acte constitutif d'hypothèque, recevra son plein et entier effet, conformément à l'art. 1154 du Code civil [1].

---

[1] Voy. sup. n° 59.

Il semble, au premier aspect, qu'il soit en désaccord avec les règles législatives de formuler, dans le Code de procédure, une disposition toute de droit civil, et qui, d'ailleurs, trouve sa consécration dans les principes généraux sur le droit de propriété et sur l'autorité des contrats ; mais cette dérogation s'explique par la double nécessité de rendre hommage à ces mêmes principes, et de prévenir les doutes, les procès, que l'esprit de chicane ne manquerait pas de faire naître. La disposition que nous proposons d'abroger (l'art. 742 actuel du C. de proc.), renferme une grave atteinte au droit de propriété et à la liberté des conventions. Pour la justifier, on a invoqué l'ordre public, comme si l'ordre pu-

744. Pourront former les mêmes demandes ou s'y joindre : le tuteur du mineur ou interdit ; le mineur émancipé, assisté de son curateur, et généralement tous les administrateurs légaux des biens d'autrui.

TITRE XIV.

De l'ordre.

752. « Dans la huitaine » de la nomination du juge commissaire, le poursuivant prendra l'ordonnance du juge commis, qui ouvrira le procès-verbal d'ordre, auquel sera annexé un extrait, délivré par le conservateur, de toutes les inscriptions existantes.

753. « Dans le mois suivant, » en vertu de l'ordonnance du commissaire, les créanciers seront sommés de produire, par acte signifié aux domiciles élus par leurs inscriptions, ou à celui de leurs avoués s'il y en a de constitués.

754. « Dans les trente jours » de cette sommation, chaque créancier sera tenu, « à peine de forclusion, » de produire ses titres avec acte de produit, signé de son avoué, et contenant demande en collocation. Le commissaire fera mention de la remise sur son procès-verbal.

755. Le mois expiré et même auparavant, si les créanciers ont produit, le commissaire dressera, « dans le délai d'un mois au plus tard, » ensuite de son procès-verbal, un état de collocation sur les pièces produites. « Dans la huitaine de la confection de cet état, » le poursuivant dénoncera par acte d'avoué à avoué, aux créanciers produisants et à la partie saisie, la confection de l'état de collocation, avec sommation d'en prendre communication, et de contredire, s'il y échet, sur le procès-verbal du commissaire, dans le délai « de quinzaine. »

757. « Les délais fixés par les différents articles du présent titre seront observés par le créancier poursuivant l'ordre et les juges commissaires, à peine, en cas de retard, de dommages-intérêts contre le créancier, sauf le recours contre l'avoué, s'il y a lieu, et de prise à partie contre les juges. »

blic était intéressé à ce qu'il y eût des expropriations judiciaires ! On a invoqué l'intérêt du débiteur, comme si le débiteur n'était pas le meilleur juge de son propre intérêt ; comme si le droit incontestable qu'il a de détruire son héritage, de l'aliéner à moitié prix, de l'incendier même, n'était pas plus étendu que la faculté d'autoriser irrévocablement un tiers à faire vendre l'immeuble hypothéqué aux enchères publiques, comme condition du contrat, et dans certaines circonstances prévues en la convention ! Une législation à laquelle la propriété et le crédit territorial ont à reprocher une si grave erreur à leur préjudice, ne doit pas seulement être abrogée ; les intérêts qu'elle a sacrifiés doivent encore être rassurés par une consécration nouvelle des principes, destinée à lever tous les obstacles, à prévenir toutes les difficultés.

758. En cas de contestation, le commissaire renverra les contestants à l'audience, et néanmoins arrêtera « immédiatement » l'ordre pour les créances antérieures à celles contestées, et ordonnera la délivrance des bordereaux de collocation de ces créances.

759. S'il ne s'élève aucune contestation, le juge commissaire fera, « sans aucun délai, » la clôture de l'ordre; il liquidera les frais de radiation et de poursuite d'ordre, qui seront colloqués par préférence à toutes autres créances; il prononcera la déchéance des créanciers non produisants, ordonnera la délivrance des bordereaux de collocation aux créanciers utilement colloqués, et la radiation des inscriptions de ceux non utilement colloqués. Il sera fait distraction en faveur de l'adjudicataire, sur le montant de chaque bordereau, des frais de radiation de l'inscription.

779. En cas de retard ou de négligence dans la poursuite d'ordre, la subrogation pourra être demandée. La demande en sera formée par requête insérée au procès-verbal d'ordre, communiquée au poursuivant par acte d'avoué, jugée sommairement en la chambre du conseil, sur le rapport du juge commissaire, « sans préjudice des dispositions finales de l'art. 757. »

DISPOSITIONS TRANSITOIRES.

Article 1er. Dans l'année de la promulgation de la présente loi, les femmes, les mineurs et interdits, et leurs héritiers ou ayant-cause, investis d'un droit d'hypothèque légale sur les immeubles de leur mari ou tuteur, et qui, au jour de cette promulgation, se trouveraient dans le cas prévu par l'art. 2147, seront tenus de faire inscrire leur hypothèque selon les formes ci-dessus prescrites.

Faute d'inscription dans ce délai, l'hypothèque légale n'aura d'effet, vis-à-vis des tiers, que du jour de l'inscription postérieure.

2. Dans le même délai, tout cessionnaire ou subrogé dans l'effet d'une hypothèque légale, sera tenu de faire opérer l'inscription ou la mention prescrite par l'art. 2122 ci-dessus. A défaut de quoi, il ne sera réputé saisi à l'égard des tiers que du jour où cette formalité aura été remplie.

3. Les dispositions de l'art. 2136 s'appliqueront aux inscriptions existantes au jour de la promulgation de la présente loi. En conséquence, ces inscriptions ne seront assujetties au renouvellement qu'à l'expiration d'un délai de quinze années à partir de leur date.

4. La loi du 3 septembre 1807, remplacée par l'art. 2123 ci-dessus, et les art. 757, 834 et 835 du Code de procédure civile sont abrogés.

La Chambre termine ici la tâche imposée à son devoir par une longue
expérience du régime hypothécaire et un sentiment profond de l'intérêt public. Ce langage ne sera pas suspect ; car l'avantage et l'honneur
du notariat, c'est de pouvoir proclamer , dans toutes les questions, l'é-
troite union de son intérêt particulier avec l'intérêt général. Les transactions immobilières, agricoles, commerciales, et le crédit de toute nature, ne peuvent être entravés, amoindris, au préjudice de la propriété,
par une législation défectueuse , sans que le contre-coup n'en soit ressenti par le notariat. Il reste à la Chambre à faire des vœux pour que le
législateur s'occupe d'urgence de réformes vivement désirées par les
amis d'un progrès sage et éclairé [1]. A ce sujet, nous emprunterons au savant magistrat que nous avons cité plusieurs fois, un passage de la pré-
face qu'il écrivait, au mois de septembre 1832, en tête de son commentaire des priviléges et hypothèques, et qui semble avoir été inspiré par
les évènements de notre époque : « A cette heure , disait-il [2], au milieu
des évènements qui nous pressent, sera-t-il permis au législateur de
tourner ses méditations vers ces paisibles débats de la science? Verrons-
nous renaître bientôt ces moments de calme , où la solution des grandes
questions politiques laisse une place ouverte aux discussions sans ai-

[1] M. le Ministre de la justice a déposé à l'Assemblée législative, le 5 avril 1850, deux
jours après l'achèvement de ce travail, le projet de loi sur la réforme hypothécaire, tel qu'il
a été rédigé par la commission du gouvernement.
M. le Ministre des finances a présenté le même jour, à l'Assemblée, un projet de
loi modifiant le tarif des droits d'enregistrement sur les actes d'emprunt et sur ceux de
libération. Le droit fiscal serait réduit de moitié. Cette mesure a pour objet de diminuer les
lourdes charges de la propriété foncière, et nous y applaudissons sincèrement, sans en exa-
gérer les résultats probables relativement au crédit territorial. La part des emprunteurs
dans cette concession du Trésor public, sera de 55 cent. par 100 fr. ; soit 2 fr. 75 cent.
pour un prêt de 500 fr., 5 fr. 50 c., pour un prêt de 1,000 fr., etc. Une mesure d'un intérêt
si minime est-elle destinée à exercer une influence sensible sur le crédit?.... Peut-être au-
rait-il été préférable d'essayer la révision de la disproportionnalité qui assujettit à un impôt
égal, sous le rapport du timbre, des frais de transcription et du droit fixe d'inscription, les
ventes et les obligations de sommes différentes ; de sorte qu'une vente ou une obligation de
100 fr., 500 fr., 1,000 fr. acquitte au fisc, en frais de cette nature, autant qu'une vente ou
une obligation de 100,000 fr., un million et plus. Toutefois, nous savons la difficulté d'une
proportion exacte en cette matière, les obstacles d'exécution que soulèverait cette réforme, et
nous n'en parlons que pour en constater l'équité.
[2] Comment. des priv. et hyp., préf., p. 81.

greur, qui éclairent les intérêts civils? Personne ne fait des vœux plus sincères que nous, pour que la France, déchargée du poids de sinistres préoccupations, ait enfin quelques loisirs à consacrer à des travaux que le fracas des révolutions épouvante, que l'ambition bruyante semble dédaigner, mais qui jamais ne s'ajournent sans malaise pour la société. La marche du temps n'influe pas moins sur le développement du droit civil que sur le progrès du droit public. Le crédit entre particuliers a ses crises, comme le crédit des gouvernements; la famille se modifie comme les constitutions, la propriété comme les états; et toutefois, par une injuste préférence, tous les efforts des esprits livrés aux affaires publiques semblent se concentrer aujourd'hui sur le mouvement politique, oubliant qu'il est d'autres nécessités non moins chères à l'humanité, non moins dignes d'être satisfaites. Espérons que le législateur ne restera pas en arrière de ces exigences, et qu'il paiera sa dette à la France, avide de marcher à la tête de tous les perfectionnements. »

Délibéré en séance, à Compiègne, le 3 avril 1850.

Etaient présents :

Mᵉ VRAYE, notaire à Compiègne, président; Mᵉ MOURET, notaire à Gournay, syndic; Mᶜ FOURRIER, notaire à Noyon, rapporteur; Mᶜ NOUETTE, notaire à Noyon, secrétaire; Mᶜ DÉSORMEAUX, notaire à Ribécourt, trésorier; Mᶜ HEUDEL, notaire à Estrées-Saint-Denis, et Mʳ CAMUS, notaire à Attichy, membres sans fonction spéciale.

FIN.

TABLE.

FIN DE LA TABLE.

www.ingramcontent.com/pod-product-compliance
Lightning Source LLC
Chambersburg PA
CBHW071212200326
41519CB00018B/5486